500

recettes pour Bébé

500

recettes pour Bébé

Beverley Glock

Éditions
de La Martinière

Édition originale

Première édition en 2011 par Apple Press,
7 Greenland Street, London NW1 0ND
Sous le titre *500 Baby & Toddler Foods*
© 2011 Quintet Publishing Limited.

Direction éditoriale : Donna Gregory
Direction artistique : Michael Charles
Photographies : Ian Garlick
Suivi éditorial : Mark Searle
Assistantes d'édition : Sarah Quinlan, Holly Willsher
Consultante spécialisée : Nikki Gee

Édition française

© 2011 Éditions de La Martinière/Atelier Saveurs,
une marque de La Martinière Groupe, Paris.
Connectez-vous sur www.lamartinieregroupe.com

Adaptation et réalisation : ●●●MediaSarbacane
Traduction : Delphine Billaut

ISBN : 978-2-7324-4722-3
Dépôt légal : janvier 2012

Achevé d'imprimer en avril 2011
par 1010 Printing Ltd, en Chine

Sommaire

Introduction

La diversification de l'alimentation d'un bébé peut s'avérer déconcertante pour les parents, notamment s'il s'agit d'un premier enfant. Quand introduire des aliments solides ? Lesquels faut-il proposer à bébé ? Quels sont ceux que l'on doit éviter ? Quelle quantité donner ? *500 recettes pour Bébé* vous aidera à répondre à ces interrogations tout en vous proposant des recettes simples et équilibrées pour bébé. La plupart des plats de cet ouvrage sont également destinés à toute la famille : ainsi tout le monde pourra partager le même repas, ce qui vous simplifiera la vie !

Âges et étapes d'introduction des aliments solides

Il est important d'introduire les aliments solides de façon progressive, et ce au bon moment du développement de votre enfant. Lisez attentivement ce chapitre et n'hésitez pas à poser des questions à votre pédiatre si besoin. Consultez également le chapitre consacré aux allergies alimentaires et aux produits à éviter (voir p. 12 à 19), ainsi que les informations relatives à la « règle des quatre jours » (voir p. 7).

Attention ! Ne laissez jamais un bébé ou un jeune enfant seul lorsqu'il mange. Il peut facilement s'étouffer ou mettre un morceau dans son nez ou dans ses oreilles.

Les premiers aliments (4 à 6 mois)

Ne donnez pas d'aliments solides à votre bébé avant 4 mois, car son système digestif n'est pas mature. Jusqu'à cet âge, il ne doit consommer que du lait maternel ou maternisé.

Il est conseillé de débuter la diversification lorsque bébé a entre 4 et 6 mois. Certains enfants acceptent les aliments solides plus tôt que d'autres. Fiez-vous à votre instinct et observez les signes qui montrent qu'il est prêt. S'il fait ses nuits et se remet soudain à se réveiller à nouveau pour réclamer à manger, s'il boit davantage de lait au sein ou au biberon et ne semble pas rassasié, c'est peut-être le moment d'introduire des ingrédients plus solides. Demandez toujours l'avis de votre pédiatre.

D'autres signes indiquent qu'un bébé est prêt :
- il tient bien sa tête ;
- il est capable de se tenir assis dans une chaise haute ;
- il commence à vouloir attraper ce que vous mangez ;
- il avale des aliments sans avoir de haut-le-cœur.

Lorsque vous débutez la diversification, le lait maternel ou maternisé doit malgré tout rester le principal aliment de votre enfant.

Commencez par donner à bébé une cuillerée à café une fois par jour d'aliment solide, généralement de la farine de riz mélangée avec du lait maternel ou maternisé, facile à digérer. S'il la mange sans problème ni effet indésirable pendant quatre à cinq jours consécutifs, vous pouvez introduire un fruit ou un légume. Attendez quatre jours avant d'en proposer un nouveau. C'est ce que l'on appelle la règle des quatre jours. En ne donnant qu'un seul nouvel aliment à la fois, vous pourrez déterminer si votre bébé développe une intolérance ou une réaction allergique à celui-ci. Lorsque vous savez que votre enfant apprécie et peut ingérer en toute sécurité tel ou tel aliment, vous pouvez continuer à le lui proposer tout en en essayant de nouveaux. Donnez-lui une quantité équivalant au volume d'un glaçon (25 g), qui est la ration adaptée à un bébé de quelques mois.

Les aliments doivent être mixés et avoir une consistance liquide. Si nécessaire, ajoutez du lait maternel, du lait maternisé ou un peu de l'eau de cuisson pour fluidifier. Une purée épaisse peut s'avérer difficile à avaler ou provoquer des haut-le-cœur.

La poursuite de la diversification (6 à 9 mois)

À ce stade, un bébé peut quasiment manger comme le reste de la famille, tant que les aliments ne sont pas salés et sont bien écrasés. Introduisez progressivement de nouvelles saveurs en ajoutant un peu de fines herbes ou d'épices. Vérifiez que chacun des ingrédients utilisés convient à l'âge de votre enfant et écartez ceux qui ne sont pas adaptés. Votre bébé apprendra ainsi que les enfants et les parents mangent ensemble et que toute la famille partage le même repas.

Continuez à écraser ou à mixer les aliments, mais donnez-leur dorénavant une consistance plus épaisse. Basez-vous toujours sur des portions équivalant à un glaçon, mais proposez maintenant des préparations solides plusieurs fois par jour. Un bébé de 6 mois ne mangera pas une banane entière mais pourra consommer un quart de ce fruit écrasé – vous placerez le reste au réfrigérateur ou au congélateur. Jusqu'à 12 mois, le lait maternel ou maternisé doit toujours être la principale boisson. Ne donnez à bébé que de très petites quantités de jus de fruits – pas plus de 6 cl avant 12 mois. Choisissez des jus de fruits ou de légumes pasteurisés, bio de préférence, en aucun cas des boissons aromatisées aux fruits. Il boira le jus de préférence dans une tasse – s'il le consomme dans un biberon, il reste plus longtemps en contact avec les dents de l'enfant, ce qui risque d'engendrer des caries.

À cette étape, vous pouvez introduire des produits laitiers tels les yaourts, le fromage frais, la crème fraîche et les fromages pasteurisés. Choisissez-les au lait entier car jusqu'à l'âge de 2 ans, le régime alimentaire d'un enfant doit être constitué de 40 à 50 % de graisses. Toutefois, ne donnez pas de lait de vache à votre enfant avant 12 mois, que ce soit à boire ou même dans la cuisine (voir p. 15).

Vous pouvez commencer à introduire les œufs s'ils sont bien cuits : essayez les œufs brouillés ou l'omelette. Viande, poulet, dinde et poisson peuvent également être ajoutés au menu. Commencez par des saveurs douces, comme le poulet ou les poissons blancs, avant de préparer du bœuf, de l'agneau ou du saumon, au goût plus prononcé. Écrasez toujours la viande ou le poisson. Présentez-les à côté du légume ou bien mélangés. Ajoutez un peu de liquide pour que le plat soit plus facile à avaler.

Bébé commence à manger tout seul
À partir de 6 mois ou plus, votre bébé va commencer à attraper lui-même sa nourriture, il est donc possible d'introduire des aliments qu'il pourra manger avec les doigts. Le choix de cette façon de faire dépend de l'âge auquel vous débutez la diversification, car elle n'est pas adaptée aux bébés de moins de 6 mois. Vous êtes totalement libre d'adopter

cette méthode ou de préférer celle, plus traditionnelle, qui consiste à ne donner que des aliments écrasés ou mixés à votre bébé.

Personnellement, je préfère la méthode traditionnelle, associée toutefois à l'introduction de quelques aliments mous à manger avec les doigts. L'Organisation mondiale de la santé préconise les deux au début de la diversification. Laisser l'enfant manger lui-même peut s'avérer très salissant : une partie des aliments finissent par terre, il y a beaucoup de gâchis et il est assez difficile de déterminer précisément quelle quantité l'enfant a réellement consommée.

Si vous souhaitez que votre bébé ne mange que des aliments solides qu'il attrape lui-même, assurez-vous qu'ils ne soient pas trop glissants, auquel cas il aurait du mal à les saisir et, frustré, pourrait devenir un enfant difficile sur la nourriture. Enrobez du tofu, des tranches de mangue ou autres aliments difficiles à attraper de flocons d'avoine réduits en poudre. Proposez-lui de gros morceaux mous, car l'enfant n'est capable de prendre entre deux doigts qu'après 6 mois ; il saisira d'abord les morceaux avec la main entière. Les fleurettes de brocolis ou les bâtonnets de pain sont idéals.

Manger en famille (9 à 12 mois)
À ce stade, bébé commence à affirmer son indépendance, à tenir sa fourchette ou sa cuillère pour manger seul. Les premières dents de lait font leur apparition, qui lui permettent de croquer. C'est le moment d'introduire des textures plus épaisses, aussi écrasez moins ses purées. Veillez toutefois à ne pas lui donner d'aliments avec lesquels il pourrait s'étouffer.

Ne lui proposez pas de grains de raisin, de fruits rouges entiers, de cubes de fruits ou de légumes fermes ou tout autre aliment dur avant l'âge de 3 ans. Vous pouvez néanmoins couper sa nourriture en petits morceaux, que votre bébé attrapera sans difficulté mais qui ne risquent pas de rester coincés dans sa trachée.

Petit enfant (12 mois et plus)

Proposez régulièrement de nouveaux ingrédients et de nouvelles saveurs à votre enfant. Emmenez-le au supermarché et laissez-le choisir un fruit ou un légume qu'il ne connaît pas encore. Il aura ainsi le sentiment d'avoir davantage de contrôle sur sa nourriture. La saveur de ses aliments ne doit pas nécessairement être douce, au contraire : plus tôt vous lui ferez connaître des goûts prononcés, moins votre enfant risque d'être difficile en grandissant.

Dès que votre petit montre un intérêt pour la cuisine, laissez-le vous aider. Lorsqu'il peut tenir seul debout et saisir une cuillère, il est capable de participer. Les enfants aiment mélanger, même s'il s'agit simplement de leur donner un saladier et une cuillère pour qu'ils vous imitent, et ils seront ravis de vous aider à pétrir. Vous leur inculquerez à cette occasion un savoir-faire qu'ils garderont à vie : la cuisine.

Surveillez la quantité de sucre consommée (les enfants adorent tout ce qui est sucré !). Limitez les jus de fruits à une quantité comprise entre 50 et 100 g par jour, en ne choisissant que du 100 % pur jus et non des boissons aromatisées aux fruits. À cet âge, le lait reste la boisson la mieux adaptée, et vous pouvez désormais lui proposer du lait de vache.

Les restrictions alimentaires

Il est toujours préférable de demander l'avis de votre pédiatre avant de débuter la diversification. Si l'on recense dans votre famille des cas d'allergies ou d'intolérances alimentaires, il est conseillé de consulter régulièrement votre médecin au fur et à mesure que vous introduisez de nouveaux aliments.

Gardez toujours à l'esprit la « règle des quatre jours » (voir p. 7) lorsque vous proposez de nouveaux aliments.

Quelle est la différence entre une allergie et une intolérance alimentaires ? L'allergie survient lorsque l'organisme considère un aliment comme un dangereux envahisseur et qu'il tente de le rejeter. Pour ce faire, il produit des anticorps qui à leur tour sécrètent une substance appelée histamine. Sous l'effet de celle-ci, l'organisme développe des symptômes tels qu'un nez qui coule, des yeux qui piquent, des rougeurs autour de la bouche et des éruptions cutanées (les mêmes qu'en cas de rhume des foins, qui est une réaction allergique au pollen). Dans de très rares cas, une réaction anaphylactique peut se produire, qui est potentiellement mortelle. Composez immédiatement le 15 pour être conduit en urgence à l'hôpital.

Les symptômes d'une réaction anaphylactique sont :
- des difficultés respiratoires ;
- un gonflement sévère du visage, des lèvres et de la gorge ;
- une augmentation du rythme cardiaque et un pouls très rapide ;

- une sudation soudaine ;
- un évanouissement ;
- le décès si le patient n'est pas rapidement pris en charge.

Une intolérance alimentaire ne présente pas de risque mortel mais peut s'avérer très désagréable. Des problèmes digestifs (vomissements, diarrhée, crampes d'estomac, par exemple), des maux de tête ou des éruptions cutanées en sont généralement les symptômes.

Les aliments potentiellement responsables d'allergies

Huit substances alimentaires sont la cause de la plupart des allergies alimentaires. Même une exposition minime à un aliment incriminé peut provoquer une réaction chez un adulte ou un enfant allergiques, qu'ils l'aient eux-mêmes ingéré ou non. Une personne allergique à la cacahuète est susceptible de développer une réaction si quelqu'un en consomme dans la même pièce. Ces huit aliments sont :

- les produits laitiers ;
- le gluten (de blé notamment) ;
- les œufs ;
- les noix (noix, noix de cajou, noix de pécan...) ;
- la cacahuète ;
- le soja ;
- les fruits de mer ;
- le poisson.

Les produits laitiers

Les laitages sont fabriqués avec du lait de vache et comprennent les yaourts, le fromage, la crème fraîche et le beurre. Il ne faut pas en donner à un bébé de moins de 6 mois. Ne proposez pas de lait de vache à boire avant 12 mois, et n'en intégrez pas non plus dans les plats des tout-petits. Il empêche l'absorption du fer, qui est indispensable à la croissance du bébé, et peut également s'avérer difficile à digérer.

Les produits laitiers tels que les yaourts ou le fromage sont fermentés et plus faciles à assimiler par le système digestif des jeunes enfants. C'est la raison pour laquelle on peut en proposer aux bébés de plus de 6 mois. Ne leur donnez pas de lait, de fromage ou tout autre laitage non pasteurisé. Écartez aussi le fromage de chèvre ou de brebis ainsi que les bleus, qui présentent un risque de listeria.

Le gluten et le blé

Le gluten est une protéine présente dans le blé mais aussi dans d'autres céréales telles que l'orge ; elle peut être à l'origine d'une allergie ou d'une intolérance alimentaires. L'avoine ne contient pas de gluten, mais elle est parfois contaminée durant sa transformation, aussi veillez à ne pas en donner aux enfants de moins de 6 mois.

Le blé étant une source d'allergie fréquente, n'en donnez pas avant 9 mois. L'intolérance au blé ou au gluten (maladie cœliaque) dure souvent toute la vie et implique une éviction totale de tout aliment en contenant. Consultez votre médecin pour plus de renseignements sur ce sujet.

Les œufs

Les œufs constituent une bonne source de protéines et de fer ; toutefois, il convient de bien les cuire. Ils peuvent receler des salmonelles, à l'origine d'intoxications alimentaires. Évitez les aliments contenant des œufs crus, tels que la mayonnaise, les mousses ou la glace maison, et ne laissez pas votre enfant lécher la cuillère si vous avez confectionné une pâte à gâteau. Les mayonnaises ou les glaces du commerce sont généralement pasteurisées, mais vérifiez toujours les étiquettes avant d'en proposer à un jeune enfant. Après 6 mois, vous pouvez introduire l'œuf en petite quantité, certains bébés y étant très allergiques (le cas est peu fréquent, mais le principe de précaution prévaut).

Le soja

Le soja est une légumineuse de la famille des pois et des haricots, tout comme la cacahuète. (Si un enfant ou un adulte est allergique au soja, il est possible qu'il puisse malgré tout manger d'autres légumineuses.) Évitez le soja vert, la sauce soja, les pousses de soja, le tofu, les protéines végétales texturées, le tamari ou le tempeh. Les protéines de soja sont un additif alimentaire que l'on trouve fréquemment dans les soupes, bouillons, fécules, médicaments, arômes et colorants, aussi lisez bien la composition de ces produits.

La cacahuète

L'allergie à la cacahuète ou à l'arachide est de plus en plus fréquente. De nombreux adultes et enfants qui y sont allergiques le sont aussi aux noix. Une quantité infime suffit parfois à provoquer une réaction.

Les noix

On parle ici des noix poussant sur des arbres : noix de cajou, noix de pécan, noix, amandes...
Les pignons de pin entrent dans cette catégorie, bien qu'il s'agisse en réalité de graines et
non de noix. Si votre enfant est allergique à la cacahuète, il l'est probablement aussi
aux noix. Attention lorsque vous achetez du pesto : d'autres noix peuvent entrer dans
sa composition en plus des pignons de pin. Vérifiez également les étiquettes des lotions
corporelles, shampooings, crèmes solaires et autres cosmétiques car ils contiennent parfois
de l'huile de noix. Le simple contact peut suffire à déclencher une réaction chez un sujet
très allergique, sans qu'il ait besoin d'en ingérer.

Poisson et fruits de mer

Commencez par introduire du poisson blanc à l'âge de 6 mois puis, si le bébé ne présente
pas de réaction, passez au saumon et autres poissons gras. En revanche, ne donnez pas
d'espadon, dont la chair contient souvent un taux élevé de mercure. Maquereau, thon, flétan,
truite de mer et bar sont à proposer avec modération car ils en recèlent aussi un peu. En cas
de doute, consultez votre pédiatre. S'il n'y a pas d'antécédents familiaux d'allergie aux fruits
de mer, vous pouvez en proposer à partir de 12 mois. Veillez simplement à ce qu'ils soient
de bonne qualité et bien cuits.

Les autres aliments à limiter

Les ingrédients suivants sont susceptibles de provoquer des réactions indésirables chez
le bébé, aussi introduisez-les progressivement tout en surveillant votre enfant. En cas
d'allergie, attendez 12 mois passés pour essayer à nouveau.

Fraises et autres fruits rouges

La fraise est un allergène courant, aussi est-il conseillé de ne pas en proposer avant 12 mois au moins. Framboises et mûres sont un peu acides et ne sont pas toujours supportées par les jeunes estomacs, c'est pourquoi il est préférable d'attendre que votre enfant ait plus de 12 mois avant de les mettre au menu.

Agrumes et fruits acides

Tomate, kiwi et ananas peuvent être acides, aussi introduisez-les progressivement après 6 mois, sous surveillance. Certains bébés en raffolent et les consomment sans problème, d'autres développent des réactions qui imposent de les éviter puis de ne les réintroduire qu'après 12 mois. Les agrumes, acides, peuvent perturber les petits ventres. Il est conseillé d'attendre 9 mois pour proposer progressivement orange, citron, citron vert, pamplemousse et clémentine, tout en surveillant votre bambin.

Miel, sirop d'érable et sirop de glucose

Ne donnez jamais de miel, de sirop d'érable ou de sirop de glucose à un bébé de moins de 12 mois. Ils sont susceptibles de contenir la bactérie *Clostridium botulinum,* qui sécrète des toxines dans les intestins de l'enfant, lesquelles sont à l'origine du botulisme. Passé 12 mois, le système digestif de l'enfant est alors suffisamment mature pour empêcher la prolifération de cette bactérie.

Les aliments sucrés

Ne donnez pas d'aliments sucrés – gâteaux, biscuits, chocolat... – avant 12 mois. Ils ne sont pas nécessaires à l'enfant. Plus vous les lui proposerez tard, plus il aura l'opportunité de goûter et d'apprécier les fruits et légumes frais et autres aliments beaucoup plus sains.

Le sel

Si un adulte sale sa nourriture pour en améliorer le goût, le bébé accepte quant à lui les aliments tels quels, sans sel (comme nous le ferions aussi si nous n'avions jamais goûté au sel). Le sel est nocif pour les bébés : il augmente la pression artérielle et peut entraîner des défaillances rénales.

Les ustensiles de cuisine

Vous n'avez pas besoin de matériel particulier pour cuisiner pour votre bébé, mais les ustensiles suivants – que l'on trouve dans la plupart des cuisines – s'avéreront très pratiques.

Balance électronique, verre mesureur et cuillère à mesure

Ils vous faciliteront la vie en vous permettant de mesurer les quantités exactes, notamment lorsque vous confectionnerez des muffins ou du pain. Les cuillères à mesure sont particulièrement utiles pour doser les petites quantités requises dans les recettes pour bébé.

Robot et mixeur plongeur

Pour réduire en purée une petite quantité d'ingrédients, le mixeur plongeur manuel sera votre meilleur allié. Il vous servira aussi pour mixer une soupe directement dans la casserole. Le robot est bien adapté aux grandes quantités, si vous réalisez un smoothie, par exemple. Vous pouvez aussi l'employer pour confectionner de la chapelure, mixer du guacamole, un dip...

Pilon à purée, presse-purée et moulin à légumes

Un pilon à purée vous permettra d'écraser rapidement une casserole de pommes de terre cuites à l'eau, de légumes-racines ou de fruits cuits à la vapeur ; le presse-purée donne un résultat plus fin et une texture plus lisse ; quant au moulin à légumes, il permet de réduire viande, volaille, poisson, fruits et légumes en purée.

Mixeur et saladier

Un mixeur électrique professionnel vous permettra de réaliser en un tournemain une pâte à pizza, à pain, à crêpes ou à muffins, ou encore de battre des œufs. Certains modèles sont vendus avec de nombreux accessoires destinés à confectionner des pâtes ou à hacher de la viande, par exemple. Un saladier léger et incassable constitue un bon investissement, notamment lorsque si votre enfant commence à vous aider en cuisine.

Planches à découper

Réservez une planche à découper pour la viande crue, afin qu'elle n'entre pas en contact avec d'autres aliments, et nettoyez-la soigneusement après chaque utilisation. Employez une seconde planche pour couper les fruits, les légumes et la viande cuite. Évitez les modèles en verre, car ils émoussent les couteaux et peuvent être glissants.

Casseroles, poêles et moules

Un panier vapeur (à poser sur une casserole d'eau bouillante) sera utile pour cuire les légumes. Une poêle antiadhésive permet de réduire la quantité de matière grasse et d'huile nécessaire à la cuisson des aliments, qui sont ainsi plus sains. Choisissez des moules à gâteaux et à muffins antiadhésifs de bonne qualité. N'hésitez pas à mettre un peu plus cher à l'achat, ils dureront plus longtemps.

Papier sulfurisé et film alimentaire

Utilisez du papier sulfurisé pour tapisser vos moules à gâteaux et étaler la pâte à tarte, à pain ou à biscuits. Vous saupoudrerez ainsi moins de farine sur le plan de travail et aurez par conséquent moins de travail de nettoyage. Le film alimentaire est indispensable pour emballer les plats conservés au réfrigérateur.

Minuteur

Vous aurez forcément besoin d'un minuteur : difficile de se souvenir de tout lorsqu'on est occupé avec un bébé ou un enfant !

Bac à glaçons, boîtes ou sachets de congélation

Lorsque vous vous lancerez dans la préparation de petits plats pour votre bébé, les bacs à glaçons vous seront très utiles. Un glaçon équivaut à une portion de 25 g. Les recettes de cet ouvrage correspondent à plusieurs portions, ainsi vous pourrez congeler des portions pour les semaines suivantes, voire embaucher votre famille ou vos amis pour vous aider durant les premiers mois de vie de votre bébé ! Une fois les cubes congelés, transférez-les dans des sachets de congélation, étiquetez-les et replacez-les au congélateur.

Au fur et à mesure que votre bébé grandira, vous aurez besoin de contenants plus grands. Il existe des boîtes de diverses tailles munies de couvercles adaptées à la congélation – elles sont idéales pour congeler de petits repas individuels. Écrivez toujours la date de réalisation et le nom du plat sur chaque boîte, et utilisez les plus anciennes en priorité.

L'hygiène alimentaire de bébé

Il convient d'être particulièrement attentif à l'hygiène lorsque vous préparez les repas de votre bébé.

- Lavez-vous les mains avant de manipuler tout aliment, et nettoyez-les soigneusement après avoir touché de la viande, de la volaille ou du poisson crus. Veillez à ce que les ustensiles et le plan de travail restent bien propres.

- Les aliments que vous venez de cuisiner doivent refroidir rapidement puis être placés au réfrigérateur dans une boîte hermétique. Si vous souhaitez les congeler, versez-les dans des bacs à glaçons (pour obtenir des portions de 25 g) ou dans des boîtes munies de couvercles correspondant à des parts individuelles.

- Rangez la viande ou le poisson crus en bas du réfrigérateur ou du congélateur.

- Ne mettez jamais de plats chauds ou tièdes au réfrigérateur ou au congélateur, car ils accroissent la température des autres aliments entreposés, ce qui peut entraîner la prolifération des bactéries.

- Laissez bien décongeler les aliments avant de les cuisiner, et ne les réchauffez qu'une seule fois. La manière la plus sûre pour les décongeler est de les placer une nuit

au réfrigérateur ou bien d'utiliser un four à micro-ondes. Ne les passez pas sous l'eau chaude et ne les laissez pas à l'air libre, les bactéries se multiplieraient.

- Lorsque vous nourrissez votre enfant, versez de petites quantités dans un bol de façon à pouvoir en ajouter avec une cuillère propre si bébé en veut davantage. Ne lui donnez pas directement dans la boîte, car la cuillère qui lui a servi pourrait contaminer les aliments.

- Il est possible d'utiliser le four à micro-ondes pour cuire ou réchauffer les aliments. Suivez les instructions du fabricant de l'appareil : elles ne sont pas données dans les recettes car elles varient selon la puissance du modèle utilisé. Veillez à ce que les plats soient correctement réchauffés avant de servir. Attention, ils risquent aussi d'être brûlants.

Les premiers aliments

Ça y est, bébé passe à table ! Mais les premières

purées et compotes doivent être semi-liquides :

au besoin, ajoutez-y du lait maternel, du lait

maternisé ou de l'eau de cuisson. Préparez-

vous à de grands moments de plaisir partagé...

et faites provision de bavoirs !

Porridge pour bébé

Pour 8 à 12 portions

Le porridge pour bébé est réalisé à partir de riz moulu et non d'avoine – cette dernière ne doit pas être servie à un bébé de moins de 6 mois, car elle peut contenir des traces de gluten, un allergène potentiel.

600 g de riz brun   **Lait maternel ou maternisé**

Réduisez le riz en poudre extrafine à l'aide d'un mixeur ou d'un moulin à café ou à épices. Versez-le dans une boîte hermétique : il se conservera jusqu'à 3 mois dans un endroit frais et sec.

Pour préparer une portion, versez 20 cl d'eau dans une petite casserole et portez à ébullition. Ajoutez 50 g de poudre de riz et laissez mijoter, sans cesser de remuer, pendant 10 min. Retirez la casserole du feu et versez un peu de lait maternel ou maternisé jusqu'à obtention de la consistance désirée. Si vous ne l'utilisez pas immédiatement, mettez le porridge au réfrigérateur dans les 30 min, et utilisez-le sous 24 h.

Une fois le porridge refroidi, vous pouvez aussi le conserver 1 mois au congélateur, dans une boîte étiquetée.

Voir variantes p. 43

Purée de melon

Pour 20 à 24 portions

Un melon bien mûr (cantaloup, gallia ou d'Espagne) est facile à écraser, et sa saveur douce se marie bien à celle d'autres fruits. Comme il contient beaucoup d'eau, vous n'aurez sans doute pas besoin d'ajouter de liquide pour fluidifier cette purée.

1 melon entier   27,5 à 37,5 cl de lait maternel ou maternisé

Coupez le melon en tranches, ôtez la peau et les pépins. Coupez la chair en gros morceaux. Écrasez-les à la fourchette ou mixez-les au robot, en ajoutant si besoin du lait maternel ou maternisé de façon à obtenir une consistance semi-liquide. Une portion correspond à 3 à 4 cuillerées à soupe.

Couvrez et placez cette purée jusqu'à 48 h au réfrigérateur, ou bien congelez-la dans des bacs à glaçons avant de transférer les cubes dans un sachet de congélation étiqueté – utilisez-les sous 1 mois. Pour les décongeler, laissez simplement fondre 2 ou 3 cubes à température ambiante, mélangez et servez.

Voir variantes p. 44

Compote de pommes

Pour 30 portions

Les variétés braeburn, gala, golden delicious et fuji conviennent bien pour cette recette.

8 pommes   **15 à 22,5 cl de lait maternel ou maternisé**

Pelez les pommes, épépinez-les et coupez-les en lamelles ou en morceaux. Mettez-les dans une casserole et couvrez tout juste d'eau ; portez à ébullition (ou faites cuire à la vapeur) et laissez cuire jusqu'à ce qu'elles soient tendres. Égouttez-les en réservant l'eau de cuisson. Écrasez-les ou mixez-les avec un peu de lait maternel ou maternisé – ou d'eau de cuisson – jusqu'à obtention de la consistance souhaitée.

Couvrez et placez cette compote jusqu'à 24 h au réfrigérateur, ou bien congelez-la dans des bacs à glaçons avant de transférer les cubes dans un sachet de congélation étiqueté – utilisez-les sous 1 mois. Pour les décongeler, laissez simplement fondre 2 ou 3 cubes à température ambiante, mélangez et servez.

Voir variantes p. 45

Purée de bananes

Pour 4 à 8 portions

La banane est un aliment ultrapratique. Fraîche, elle se glisse dans le sac, et voilà un repas tout prêt – il suffit d'une fourchette pour l'écraser. Choisissez des bananes bien mûres : les vertes sont plus compactes et peuvent aussi se révéler moins digestes pour bébé.

4 bananes bien mûres pelées   **3 à 4 c. à s. de lait maternel ou maternisé**

Écrasez ou mixez la chair des bananes avec un peu de lait maternel ou maternisé jusqu'à obtention de la consistance souhaitée.

Cette purée se conserve 24 h au réfrigérateur, mais elle a tendance à noircir rapidement. Vous pouvez la congeler dans un bac à glaçons, puis transférer les cubes dans un sachet de congélation étiqueté – utilisez-les sous 1 mois. Pour les décongeler, laissez simplement fondre 2 ou 3 cubes à température ambiante, mélangez et servez.

Voir variantes p. 46

Purée de patates douces

Pour 10 à 12 portions

Facile à écraser, digeste et naturellement sucrée, la patate douce est un premier aliment idéal pour bébé. Vous pouvez la faire cuire au four ou à la vapeur.

2 patates douces   **2 à 4 c. à s. de lait maternel ou maternisé**

Cuisson au four : préchauffez le four à 220 °C (th. 7/8). Lavez les patates douces et piquez-les de toutes parts avec une fourchette pour qu'elles n'éclatent pas en cuisant. Enveloppez-les d'aluminium ménager et disposez-les dans un petit moule pour recueillir le jus de cuisson. Enfournez pour 30 à 60 min, jusqu'à ce que les patates soient tendres. Sortez-les du four, ôtez l'aluminium et laissez-les refroidir. Coupez-les dans la longueur, prélevez la chair à la cuillère et jetez la peau.

Cuisson à la vapeur : lavez les patates douces, pelez-les et coupez-les en dés. Mettez-les dans un panier vapeur posé sur une casserole d'eau bouillante, couvrez et laissez cuire 10 à 15 min, jusqu'à ce qu'elles soient tendres.

Écrasez ou mixez la chair des patates douces avec un peu de lait maternel ou maternisé.

Cette purée se conserve 48 h au réfrigérateur dans une boîte hermétique. Vous pouvez également la congeler dans des bacs à glaçons, puis transférer les cubes dans un sachet de congélation étiqueté – utilisez-les sous 1 mois. Pour les décongeler, laissez simplement fondre 2 ou 3 cubes à température ambiante, mélangez et réchauffez.

Voir variantes p. 47

Purée de pommes de terre

Pour 10 à 12 portions

Riche en fibres, la pomme de terre se prête très bien aux débuts de la diversification. Associée à d'autres légumes, elle permet de faire découvrir différentes saveurs, couleurs et textures à votre bébé.

2 pommes de terre   **2 à 4 c. à s. de lait maternel ou maternisé**

Cuisson au four : préchauffez le four à 220 °C (th. 7/8). Lavez les pommes de terre et piquez-les de toutes parts avec une fourchette. Emballez-les dans de l'aluminium ménager et faites-les cuire 50 à 60 min en haut du four, jusqu'à ce qu'elles soient tendres. Ôtez l'aluminium et laissez refroidir. Coupez-les dans la longueur, prélevez la chair à la cuillère et jetez la peau.

Cuisson à l'eau ou à la vapeur : lavez et pelez les pommes de terre, coupez-les en dés. Puis faites-les cuire 15 à 20 min dans une casserole d'eau froide portée à ébullition, ou 20 à 25 min dans un panier vapeur placé sur une casserole d'eau bouillante.

Écrasez-les ou mixez-les avec un peu de lait maternel ou maternisé.

Cette purée se conserve 48 h au réfrigérateur dans une boîte hermétique. Vous pouvez également la congeler dans des bacs à glaçons, puis transférer les cubes dans un sachet de congélation étiqueté – utilisez-les sous 1 mois. Pour les décongeler, laissez simplement fondre 2 ou 3 cubes à température ambiante, mélangez et réchauffez.

Voir variantes p. 48

Purée de courge musquée

Pour 8 à 10 portions

Délicieuse cuite au four, la courge musquée se cuisine de mille façons et se congèle très bien. Une grande courge vous permettra de préparer un repas pour toute la famille, tout en vous fournissant les restes nécessaires à la confection d'une purée.

1 petite courge musquée	**2 à 4 c. à s. de lait maternel ou maternisé**
1 c. à s. d'huile d'olive	

Cuisson au four : préchauffez le four à 220 °C (th. 7/8). Coupez la courge en deux et ôtez les pépins à la cuillère. Coupez les demi-courges en tranches, huilez-les légèrement au pinceau et enfournez-les pour 20 à 30 min, jusqu'à ce que la chair soit tendre. Laissez tiédir, puis pelez. Écrasez ou mixez la chair avec un peu de lait maternel ou maternisé.

Cuisson à la vapeur : coupez la courge en deux, ôtez les pépins à la cuillère, puis pelez-la et coupez-la en dés de 2 cm de côté. Faites cuire 15 à 20 min dans un panier vapeur placé sur une casserole d'eau bouillante. Une fois la chair bien tendre, écrasez-la ou mixez-la avec un peu de lait maternel ou maternisé et servez.

Cette purée se conserve 48 h au réfrigérateur dans une boîte hermétique. Vous pouvez également la congeler dans des bacs à glaçons, puis transférer les cubes dans un sachet de congélation étiqueté – utilisez-les sous 1 mois. Pour les décongeler, laissez simplement fondre 2 ou 3 cubes à température ambiante, mélangez et réchauffez.

Voir variantes p. 49

Purée de rutabaga et de pomme

Pour 8 à 10 portions

Le rutabaga possède une saveur marquée – ici adoucie par la note sucrée de la pomme.
Il est intéressant de le proposer très tôt à bébé, pour l'habituer aux goûts prononcés.
Cette purée se congèle très bien.

1 petit rutabaga	2 à 4 c. à s. de lait maternel ou maternisé
2 pommes	

Lavez, pelez et coupez le rutabaga en morceaux. Faites-le cuire 10 à 15 min dans un panier
vapeur posé sur une casserole d'eau bouillante, jusqu'à ce qu'il soit presque tendre.

Pelez, épépinez et coupez les pommes en lamelles. Ajoutez-les dans le panier vapeur.
Poursuivez la cuisson 10 min environ. Écrasez ou mixez avec du lait maternel ou maternisé.

Cette purée se conserve 48 h au réfrigérateur dans une boîte hermétique. Vous pouvez
également la congeler dans des bacs à glaçons, puis transférer les cubes dans un sachet
de congélation étiqueté – utilisez-les sous 1 mois. Pour les décongeler, laissez simplement
fondre 2 ou 3 cubes à température ambiante, mélangez et réchauffez.

Voir variantes p. 50

Riz à la papaye

Pour 6 à 8 portions

Riche en eau, la papaye bien mûre est facile à préparer et à écraser. Mélangée à une purée de riz brun, elle permettra de réaliser un délicieux dessert aux fruits. Vous pouvez réaliser ce plat pour toute la famille et le servir avec de la papaye fraîche.

75 g de riz brun
1 papaye bien mûre

2 à 4 c. à s. de lait maternel ou maternisé

Jetez le riz dans 20 cl d'eau, portez à ébullition, couvrez et laissez cuire 20 min à feu doux – ou jusqu'à ce que toute l'eau ait été absorbée et que le riz soit cuit. Mixez avec un peu de lait maternel ou maternisé, jusqu'à obtention d'une consistance épaisse.

Coupez la papaye en deux, puis ôtez les pépins et jetez-les. Prélevez la chair à la cuillère et écrasez-la ou mixez-la. Mélangez le riz et la papaye et, si besoin, ajoutez un peu de lait maternel ou maternisé. Servez tiède.

Veillez à ne pas laisser le riz plus de 30 min à température ambiante. Il se conserve 24 h au réfrigérateur et 1 mois au congélateur, dans une boîte étiquetée.

Voir variantes p. 51

Variantes

Porridge pour bébé

Recette de base p. 27

Porridge pour bébé à la banane

Suivez la recette de base, en ajoutant 1 c. à c. de banane écrasée. Incorporez
un peu de liquide si besoin.

Porridge pour bébé à la pomme

Suivez la recette de base, en ajoutant 1 c. à c. de compote de pommes
(voir p. 30).

Porridge pour bébé à la myrtille

Suivez la recette de base, puis écrasez 1 c. à s. de myrtilles fraîches dans un
chinois et incorporez le jus au porridge.

Porridge pour bébé aux fruits

Suivez la recette de base, en incorporant 1 c. à c. de banane écrasée et de
myrtilles pressées dans un chinois et en ajoutant un peu de liquide si besoin.

Porridge pour bébé aux abricots

Suivez la recette de base. Pendant ce temps, faites cuire 2 ou 3 abricots secs
dans un peu d'eau jusqu'à ce qu'ils soient tendres. Mixez-les et incorporez-en
1 c. à c. au porridge. Mettez le reste de compote au réfrigérateur ou congelez-le.

Variantes

Purée de melon

Recette de base p. 29

Purée de melon et d'avocat

Écrasez ½ avocat avec 1 tranche de melon, en ajoutant un peu de lait maternel ou maternisé, jusqu'à obtention de la consistance souhaitée.

Purée de melon et de banane

Écrasez 1 banane avec 1 tranche de melon jusqu'à obtention d'une purée un peu plus épaisse, et délayez-la si besoin avec un peu de lait maternel ou maternisé.

Purée de melon et de pomme

Suivez la recette de base, en ajoutant 1 c. à s. de compote de pommes (voir p. 30).

Purée de melon et de poire à la cannelle

Suivez la recette de base, en ajoutant 1 c. à s. de poire fraîche écrasée et 1 pincée de cannelle en poudre.

Purée de melon et de myrtilles

Écrasez 1 c. à s. de myrtilles fraîches dans un chinois pour ôter les pépins et ne recueillir que le jus. Ajoutez ce dernier au melon, mixez et servez comme indiqué dans la recette de base.

Variantes

Compote de pommes

Recette de base p. 30

Compote de pommes à la cannelle
Suivez la recette de base, en ajoutant 2 c. à c. de cannelle en poudre au moment de faire cuire les pommes.

Compote violette
Suivez la recette de base, en ajoutant 1 c. à s. de myrtilles fraîches lorsque les pommes sont presque cuites, puis poursuivez la cuisson 5 min avant de mixer.

Compote pomme-poire
Suivez la recette de base, en ajoutant aux pommes 4 poires pelées, épépinées et coupées en morceaux ou en lamelles.

Compote pomme-mangue
Suivez la recette de base, puis mixez 1 mangue fraîche et incorporez-la à la compote de pommes.

Compote pomme-banane
Suivez la recette de base, en ajoutant aux pommes 1 banane écrasée.

Variantes

Purée de bananes

Recette de base p. 32

Purée banane-avocat
Écrasez 2 avocats bien mûrs avec les bananes, en ajoutant un peu de lait maternel ou maternisé jusqu'à obtention de la consistance souhaitée.

Purée bleue
Suivez la recette de base. Faites cuire 4 c. à s. de myrtilles fraîches dans un peu d'eau jusqu'à ce qu'elles se désagrègent – environ 5 min à feu doux. Pressez-les dans un chinois, puis incorporez le jus aux bananes écrasées.

Purée banane-pomme
Suivez la recette de base, en remplaçant le lait maternel ou maternisé par un peu de jus de pomme.

Purée banane-pêche
Au lieu de suivre la recette de base, pelez, dénoyautez et mixez 2 pêches bien mûres. Ajoutez-les aux bananes ainsi qu'un peu de jus de pomme jusqu'à obtention de la consistance souhaitée.

Purée de patates douces

Recette de base p. 34

Purée de patates douces et de poireau
Suivez la recette de base (cuisson à la vapeur), en ajoutant 2 blancs
de poireau coupés en morceaux dans le panier vapeur.

Purée marbrée verte et orange
Suivez la recette de base (cuisson à la vapeur), en ajoutant des pousses
d'épinards fraîches dans le panier vapeur au bout de 5 min de cuisson.

Purée de patates douces et de courgettes
Suivez la recette de base (cuisson à la vapeur), en ajoutant 2 courgettes
lavées et coupées en rondelles dans le panier vapeur.

Purée de patates douces et de haricots verts
Suivez la recette de base (cuisson à la vapeur), en ajoutant 60 g de haricots
verts frais ou surgelés dans le panier vapeur au bout de 5 min de cuisson.

Purée de patates douces et de carottes
Suivez la recette de base (cuisson à la vapeur), en ajoutant 2 carottes pelées
et coupées en rondelles dans le panier vapeur.

Variantes

Purée de pommes de terre

Recette de base p. 36

Purée orange
Suivez la recette de base. Lavez, pelez et coupez en rondelles 2 carottes
moyennes, puis faites-les cuire 10 à 15 min à l'eau ou à la vapeur, jusqu'à ce
qu'elles soient tendres. Écrasez-les ou mixez-les, puis ajoutez-les à la purée
de pommes de terre.

Purée jaune
Suivez la recette de base. Lavez, pelez et coupez en morceaux un rutabaga, puis
faites-le cuire 20 à 25 min à l'eau ou à la vapeur, jusqu'à ce qu'il soit tendre.
Écrasez-le ou mixez-le avant de l'ajouter à la purée de pommes de terre.

Purée verte
Faites cuire 225 g de pousses d'épinards 10 min à la vapeur, jusqu'à ce qu'elles
soient tendres, puis mixez-les avec les pommes de terre cuites et un peu de lait
maternel ou maternisé.

Purée rose
Suivez la recette de base. Lavez, pelez et coupez en morceaux 2 betteraves
rouges fraîches. Faites-les cuire 20 à 25 min à la vapeur ou à l'eau, jusqu'à
ce qu'elles soient tendres, puis écrasez-les ou mixez-les avant de les ajouter
à la purée de pommes de terre.

Variantes

Purée de courge musquée

Recette de base p. 39

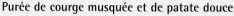

Purée de courge musquée et de patate douce
Suivez la recette de base, en ajoutant une patate douce lavée, pelée
et coupée en morceaux dans le panier vapeur.

Purée de courge musquée et de carotte
Suivez la recette de base, en ajoutant une carotte moyenne lavée, pelée
et coupée en rondelles dans le panier vapeur.

Purée Popeye
Suivez la recette de base, en ajoutant 100 g de pousses d'épinards dans le panier
vapeur 10 min avant la fin de la cuisson. Ajoutez une pincée de noix de muscade
au moment de mixer ou d'écraser les légumes.

Purée de courge musquée et de chou-fleur
Suivez la recette de base, en ajoutant 5 à 6 fleurettes de chou-fleur dans
le panier vapeur.

Porridge courge-pomme
Suivez la recette de base, puis incorporez à la purée 1 c. à s. de compote
de pommes (voir p. 30) et 1 c. à s. de porridge pour bébé (voir p. 27).

Variantes

Purée de rutabaga et de pomme

Recette de base p. 40

Purée de rutabaga, de pomme et de carotte
Suivez la recette de base, en ajoutant 1 carotte moyenne lavée, pelée
et coupée en rondelles dans le panier vapeur, avec le rutabaga.

Purée de rutabaga et de patate douce
Suivez la recette de base, en remplaçant les pommes par 1 patate douce
lavée, pelée et coupée en morceaux que vous mettrez dans le panier vapeur
avec le rutabaga.

Purée de rutabaga, de pomme et de potiron
Suivez la recette de base, en ajoutant 1 tranche de potiron pelée et coupée
en morceaux dans le panier vapeur, avec le rutabaga.

Purée de rutabaga, de pomme et de panais
Suivez la recette de base, en ajoutant 1 panais lavé, pelé et coupé en morceaux
dans le panier vapeur, avec le rutabaga.

Variantes

Riz à la papaye

Recette de base p. 42

Riz à la papaye et au melon
Suivez la recette de base. Mixez 1 tranche de melon cantaloup ou gallia
et incorporez-la au riz. Ajoutez si besoin un peu de lait maternel ou maternisé,
jusqu'à obtention de la consistance souhaitée.

Riz à la pêche
Suivez la recette de base, en remplaçant la papaye par 1 pêche bien mûre.

Riz à l'abricot et la papaye
Suivez la recette de base. Faites cuire 2 ou 3 abricots secs 5 min dans un peu
d'eau, jusqu'à ce qu'ils soient tendres. Mixez, passez la purée obtenue dans
un tamis et incorporez-la au riz à la papaye.

Riz à la papaye et à la pomme
Suivez la recette de base. Faites cuire 1 pomme pelée et coupée en lamelles.
dans un peu d'eau, jusqu'à ce qu'elle soit tendre, puis mixez-la et incorporez-la
au riz à la papaye.

Riz aux fruits exotiques
Suivez la recette de base. Mixez ou écrasez la chair de 1 mangue fraîche
puis incorporez-la au riz à la papaye.

De 6 à 9 mois

Bébé peut maintenant manger presque la même chose que le reste de la famille, pourvu que les aliments ne soient pas salés ; il apprend ainsi que tout le monde partage le même repas. Assurez-vous cependant que tous les ingrédients sont bien adaptés à son âge.

Yaourt à la banane

Pour 10 à 12 portions

Dès que votre bébé a 6 mois, vous pouvez lui proposer du yaourt au petit déjeuner. Choisissez des yaourts nature au lait entier, que vous parfumerez et sucrerez en ajoutant de la purée de fruits frais.

3 bananes bien mûres pelées   6 c. à s. de yaourt nature au lait entier

Écrasez ou mixez la chair des bananes avec le yaourt. Au fur et à mesure que l'enfant grandit, vous pouvez laisser davantage de morceaux.

Ce yaourt à la banane se conserve 24 h au réfrigérateur, couvert, mais il a tendance à noircir rapidement. Vous pouvez le congeler dans des bacs à glaçons puis transférer les cubes dans un sachet de congélation étiqueté – utilisez-les sous 1 mois. Pour les décongeler, laissez simplement fondre 2 ou 3 cubes à température ambiante, mélangez et servez.

Voir variantes p. 89

Œufs brouillés

Pour 1 à 2 portions

Voici une façon toute simple d'introduire les œufs dans l'alimentation des bébés de plus de 6 mois. Lorsque l'enfant a près de 1 an, vous pouvez les accompagner de bâtonnets de pain grillé.

1 c. à c. de beurre   **1 c. à s. de lait (maternel ou maternisé)**
1 ou 2 œufs battus

Faites fondre le beurre dans une petite poêle ou une petite casserole.

Battez les œufs avec le lait. Quand le beurre est fondu, versez les œufs et faites cuire, sans cesser de remuer avec une cuillère en bois.

Voir variantes p. 90

Flocons d'avoine

Pour 4 à 8 portions

Voici l'un des petits déjeuners parmi les plus simples et les plus appréciés ! Dès que bébé à 6 mois, vous pouvez introduire les flocons d'avoine, en guettant – comme pour tout nouvel aliment – une éventuelle réaction allergique.

4 c. à s. de flocons d'avoine   **25 cl de lait (maternel ou maternisé)**

Dans une casserole, portez doucement à ébullition le lait et les flocons d'avoine, en remuant constamment. Laissez mijoter 15 à 20 min, jusqu'à ce que les flocons d'avoine aient ramolli et que la préparation ait épaissi. Retirez du feu. Au besoin, ajoutez un peu de lait pour fluidifier et refroidir le mélange.

Ces flocons d'avoine se dégustent immédiatement ; ne les laissez pas refroidir plus de 1 h à température ambiante. Vous pouvez les congeler dans des bacs à glaçons puis transférer les cubes dans un sachet de congélation étiqueté – utilisez-les sous 1 mois. Pour les décongeler, laissez simplement fondre 2 ou 3 cubes à température ambiante, mélangez, réchauffez et servez.

Voir variantes p. 91

Mini-omelette

Pour 2 à 4 portions

Cuite de cette façon, comme une crêpe fine, l'omelette se déguste facilement avec les doigts : c'est l'idéal pour apprendre à bébé à se nourrir seul.

1 c. à c. de beurre ou un peu d'huile d'olive   **2 œufs battus**

Faites fondre le beurre ou chauffer l'huile d'olive dans une petite poêle placée sur feu moyen. Versez-y les œufs battus en les répartissant bien. Laissez l'omelette prendre puis retournez-la comme une petite crêpe, afin de bien cuire l'autre face.

Pliez l'omelette en deux et coupez-la en lanières fines avant de servir.

Cette omelette se conserve 1 mois au congélateur, dans une boîte hermétique étiquetée.

Voir variantes p. 92

Pain perdu

Pour 6 parts

Pour nombre d'entre nous, c'est le vrai goût de l'enfance. Adultes, nous l'apprécions toujours, avec du beurre et du miel. Avant 1 an, ne donnez pas de miel à votre enfant, il aura bien le temps d'y goûter plus tard. Vous pouvez agrémenter ce pain perdu de 1 ou 2 cuillerées de compote de pommes (voir p. 30).

6 œufs
6 c. à s. de lait (maternel ou maternisé)

6 tranches de pain épaisses
    (sans la croûte pour les plus petits)
Un peu de beurre

Battez les œufs avec le lait dans un grand saladier ou un plat profond. Plongez les tranches de pain une à une dans la préparation, pour les enrober complètement.

Faites chauffer le beurre dans une poêle antiadhésive, puis laissez rissoler le pain jusqu'à ce qu'il soit doré des deux côtés. Retirez-le de la poêle et découpez-le en bâtonnets – pour un bébé, une tranche de pain suffira.

Mettez les parts crues restantes côte à côte sur une plaque de four beurrée et placez-la au congélateur. Une fois le pain congelé, transférez-le dans des sachets de congélation étiquetés. Pour le déguster, disposez le pain sur une plaque et enfournez-le pour 8 min (220 °C, th. 7/8), puis retournez-le et poursuivez la cuisson 10 à 12 min.

Voir variantes p. 93

Soupe aux légumes de printemps

Pour 12 à 16 portions

Comme son nom le suggère, cette soupe fraîche et légère est réalisée avec des légumes printaniers. Pour une famille de 4 ou 5 personnes, doublez les quantités.

2 carottes moyennes
2 blancs de poireau
½ chou frisé

1 c. à c. de beurre ou un peu d'huile d'olive
1 litre de bouillon de légumes ou de volaille
peu salé

Lavez les carottes, les blancs de poireau et le chou, épluchez-les et hachez-les. Dans une casserole placée sur feu doux, laissez fondre le beurre ou chauffer l'huile d'olive. Faites-y sauter les légumes 5 min. Versez le bouillon et portez à ébullition. Couvrez et laissez mijoter 20 à 25 min, jusqu'à ce que les carottes soient tendres. Mixez pour les bébés de moins de 12 mois.

Vous pouvez congeler des portions de soupe dans des boîtes étiquetées – consommez-la sous 3 mois.

Voir variantes p. 94

Potage poireau-pomme de terre

Pour 6 à 8 portions

Rien de tel qu'un bon potage quand les soirées deviennent fraîches. La pomme de terre le rend plus épais et donc plus facile à manger pour bébé. Pour une famille de 4 ou 5 personnes, doublez les quantités.

1 pomme de terre
1 blanc de poireau
1 c. à c. de beurre ou un peu d'huile d'olive

45 cl de bouillon de légumes ou de volaille peu salé

Lavez, épluchez et hachez la pomme de terre et le blanc de poireau.

Dans une grande casserole, faites fondre le beurre ou chauffer l'huile d'olive. Mettez-y la pomme de terre et le poireau et faites-les sauter 5 min sur feu doux.

Versez le bouillon et portez à ébullition. Couvrez et laissez mijoter 30 min, jusqu'à ce que la pomme de terre soit tendre. Mixez et servez chaud.

Vous pouvez congeler des portions de potage dans des boîtes étiquetées – consommez-le sous 3 mois.

Voir variantes p. 95

Potage au poulet

Pour 8 à 12 portions

Le potage au poulet est paré de nombreuses vertus, notamment en cas de rhume.
Non seulement il réchauffe, mais il est aussi très nourrissant. Mixez-le si vous le destinez
à un bébé de moins de 12 mois. Entre 1 et 3 ans, hachez les morceaux finement pour
que votre enfant ne risque pas de s'étouffer.

2 morceaux de poulet (blancs ou cuisses)
2 carottes
2 petits oignons

2 branches de céleri
90 cl de bouillon de volaille peu salé

Ôtez la peau du poulet et hachez-le – s'il s'agit d'une cuisse, retirez simplement la peau.
Hachez finement les carottes, les oignons et le céleri. Mettez tous les ingrédients dans
le bouillon et portez à ébullition. Couvrez et laissez mijoter 30 à 40 min, jusqu'à ce que
les légumes soient tendres et que le poulet soit cuit.

Mixez le potage et servez-le chaud. Si vous avez laissé le morceau de poulet entier avec
son os, effilochez la viande et remettez-la dans le potage avant de mixer.

Vous pouvez congeler des portions de potage dans des boîtes étiquetées – consommez-le
sous 3 mois.

Voir variantes p. 96

Sauce tomate

Pour 8 à 12 portions

Cette sauce aux mille et une utilisations est riche en vitamines et en antioxydants.
Elle accompagne les pâtes et le riz, se sert en dip ou nappe les pizzas (voir p. 211).
Certains enfants ne supportent pas la tomate, alors que d'autres en raffolent. Observez
bien votre bébé et, en cas d'effet indésirable, attendez qu'il ait 12 mois passés pour
retenter l'expérience.

2 c. à s. d'huile d'olive
2 oignons rouges ou blancs finement hachés
2 gousses d'ail finement hachées
16 tomates olivettes bien mûres pelées

et épépinées, ou 2 boîtes de 400 g
de tomates pelées
1 bonne poignée de feuilles de basilic fraîches,
lavées et ciselées

Faites-y revenir les oignons dans l'huile d'olive 10 à 15 min sur feu doux, jusqu'à ce qu'ils
soient translucides et tendres.

Ajoutez les tomates et 45 cl d'eau. Portez à ébullition, couvrez et faites cuire 20 min à feu
doux. Retirez le couvercle, ajoutez les feuilles de basilic et laissez mijoter encore 5 min.
Mixez à l'aide d'un robot.

Une fois refroidie, cette sauce se conserve 3 jours au réfrigérateur et 1 mois au congélateur.

Voir variantes p. 97

Sauce aux légumes du sud grillés

Pour 6 à 8 portions pour enfant ou 3 à 4 portions pour adulte

Cette délicieuse sauce se compose d'un assortiment de légumes colorés. Appréciée par toute la famille, elle est idéale pour accompagner les pâtes.

1 oignon rouge ou blanc grossièrement haché
1 petite aubergine grossièrement hachée
1 petite courgette grossièrement hachée
1 poivron rouge grossièrement haché
1 poivron orange grossièrement haché

1 poivron jaune ou vert haché
1 c. à s. d'huile d'olive
1 gousse d'ail finement hachée
1 boîte de 400 g de tomates pelées
40 cl de bouillon de légumes peu salé

Préchauffez le four à 200 °C (th. 6/7). Disposez les légumes hachés dans un plat allant au four, versez 1 filet d'huile d'olive et parsemez d'ail. Enfournez pour 20 à 25 min, en retournant les légumes à mi-cuisson, jusqu'à ce qu'ils soient tendres et légèrement brunis sur les bords – surveillez la cuisson afin qu'ils ne brûlent pas. Puis mettez-les dans une casserole et ajoutez les tomates et le bouillon. Portez à ébullition, couvrez et laissez mijoter 20 min.

Mixez la sauce. Si elle vous semble trop liquide, faites-la bouillir 5 min jusqu'à ce qu'elle ait épaissi. Pour les enfants de plus de 12 mois ou le reste de la famille, vous pouvez y laisser quelques morceaux et la servir avec des pâtes, du couscous ou des pommes de terre au four.

Cette sauce se conserve 3 jours au réfrigérateur et 1 mois au congélateur.

Voir variantes p. 98

Petite purée de poulet aux carottes

Pour 8 à 10 portions

De saveur douce et riche en protéines, le poulet est idéal pour faire découvrir la viande à bébé ; les légumes-racines comme la carotte en rehaussent le goût. Mais le blanc est sec une fois mixé : ajoutez-y toujours quelque chose d'onctueux ou de liquide pour que votre enfant l'avale facilement. Si votre bébé manque de fer, remplacez les blancs de poulet par des cuisses, qui en contiennent davantage.

2 blancs de poulet désossés et sans la peau   **Lait maternel ou maternisé, si besoin**
2 carottes lavées, pelées et hachées

L'idéal est de pocher le poulet : il sera moins sec, plus facile à mixer et conservera la plupart de ses nutriments. Préchauffez le four à 190 °C (th. 6/7). Disposez le poulet dans un plat allant au four et versez 1 cm d'eau bouillante. Ajoutez les carottes, en veillant à ce qu'elles soient recouvertes d'eau, puis couvrez le plat d'aluminium ménager. Faites cuire 20 à 30 min – pas plus, car la viande durcirait. Retirez le poulet et les carottes et mixez-les avec du lait maternel ou maternisé ou bien un peu d'eau de cuisson, jusqu'à obtention de la consistance souhaitée.
Si vous préférez la cuisson à la vapeur, mettez le poulet et les carottes dans un panier vapeur placé sur une casserole d'eau bouillante. Faites cuire 20 à 30 min. Mixez avec un peu de lait maternel ou maternisé.

Cette purée se conserve 2 jours au réfrigérateur et 1 mois au congélateur.

Voir variantes p. 99

Dinde aux petits légumes

Pour 6 à 8 portions pour enfant ou 2 portions pour adulte

Ce bon petit plat à la cocotte ravira toute la famille et conviendra parfaitement aux plus jeunes bébés.

1 c. à s. d'huile de tournesol
1 oignon
2 carottes

450 g de fines escalopes de dinde
1 c. à c. de thym frais haché
25 cl de bouillon de volaille peu salé

Préchauffez le four à 175 °C (th. 5/6). Faites chauffer l'huile dans une poêle antiadhésive. Pelez et hachez finement l'oignon et les carottes. Faites revenir la dinde dans l'huile, en la retournant plusieurs fois pour qu'elle soit dorée des deux côtés. Mettez-la ensuite dans une cocotte et ajoutez le reste des ingrédients. Portez à ébullition, couvrez et enfournez pour 40 à 45 min, jusqu'à ce que la volaille soit cuite.

Sortez la cocotte du four, mixez pour les bébés de moins de 9 mois ou bien coupez la dinde en petits morceaux. Accompagnez ce plat d'une purée de pommes de terre ou de riz (mixé pour les bébés).

Ce plat se conserve 2 jours au réfrigérateur et 1 mois au congélateur.

Voir variantes p. 100

Goulache de bœuf

Pour 8 à 10 portions pour enfant ou 2 portions pour adulte

Ce ragoût généreux et réconfortant, à base de bœuf bon marché, est encore meilleur le lendemain, lorsque les pommes de terre se défont, épaississant la sauce, et que les arômes se sont déployés.

1 oignon
1 c. à s. d'huile de tournesol
3 tomates fraîches ou 230 g de tomates
   pelées en conserve
½ petit poivron rouge
1 c. à c. de paprika doux

280 g de bœuf à braiser,
   coupé en tranches fines
25 cl de bouillon de bœuf peu salé
220 g de pommes de terre
   pelées et coupées en dés

Pelez l'oignon et hachez-le finement. Faites revenir l'oignon 10 min dans l'huile, sur feu doux à moyen, jusqu'à ce qu'il soit translucide et tendre. Mettez-le dans une cocotte. Pelez, épépinez et hachez les tomates fraîches et ajoutez-les. (Si vous utilisez des tomates en conserve, versez-les avec leur jus.) Ajoutez le poivron haché et le paprika, et laissez cuire 3 à 4 min sur feu doux à moyen. Incorporez le bœuf, puis versez le bouillon. Portez à ébullition puis baissez le feu. Ajoutez les pommes de terre. Couvrez et laissez cuire 2 h sur la cuisinière ou au four (160 °C, th. 5/6). Laissez refroidir un peu, puis mixez avant de servir.

Ce plat se conserve 2 jours au réfrigérateur et 1 mois au congélateur.

Voir variantes p. 101

Curry de poulet au riz

Pour 8 portions pour enfant ou 2 portions pour adulte

Cette version classique du curry de poulet est agrémentée des épices indiennes traditionnelles. Le riz est l'accompagnement idéal (voir p. 25).

1 tronçon de 1 cm environ de gingembre frais pelé et finement haché
1 gousse d'ail pelée et finement hachée
½ petit oignon pelé et finement haché
1 c. à s. d'huile de tournesol
½ c. à c. de cumin en poudre
½ c. à c. de coriandre en poudre
1 pincée de cannelle en poudre

1 blanc de poulet sans la peau et haché
1 carotte pelée et hachée
1 boîte de 225 g de tomates hachées
12,5 cl de bouillon de volaille ou de légumes peu salé
1 c. à s. de yaourt nature au lait entier
1 c. à s. de feuilles de coriandre fraîches lavées et finement hachées

Mixez le gingembre, l'ail et l'oignon, en ajoutant 1 c. à s. d'eau si la pâte est trop épaisse. Versez dans la poêle huilée et faites chauffer 5 min sur feu doux à moyen. Incorporez le cumin, la coriandre en poudre et la cannelle et poursuivez la cuisson 2 à 3 min.

Faites dorer le poulet dans cette sauce 3 à 4 min. Ajoutez la carotte, les tomates et le bouillon, couvrez et laissez cuire à petits bouillons 15 à 20 min, jusqu'à ce que les carottes soient tendres et le poulet bien cuit. Mixez pour les bébés de moins de 9 mois. Incorporez le yaourt et saupoudrez de coriandre hachée. Servez avec du riz, mixé pour les plus petits.

Le curry se conserve 2 jours au réfrigérateur et 1 mois au congélateur.

Voir variantes p. 102

Ragoût de bœuf

Pour 8 à 10 portions

Pour cette recette, choisissez de la viande maigre, hachée ou en morceaux. Le bœuf est une bonne source de fer facilement assimilable, indispensable au développement cérébral et à la croissance. Ce ragoût se congèle facilement.

225 g de bœuf maigre haché ou en morceaux
1 c. à c. d'herbes de Provence

2 carottes lavées, pelées et hachées
2 pommes de terre lavées, pelées et hachées

Mettez le bœuf dans une casserole avec les herbes de Provence et couvrez d'eau. Ajoutez les carottes et les pommes de terre. Couvrez, portez à ébullition et laissez mijoter 20 à 25 min.

Égouttez en réservant le jus de cuisson. Mixez le bœuf et les légumes, en ajoutant si besoin un peu de jus réservé pour obtenir la consistance souhaitée. Servez chaud.

Ne laissez pas ce plat plus de 1 h à température ambiante. Il se conserve 2 jours au réfrigérateur et 1 mois au congélateur.

Voir variantes p. 103

Moussaka

Pour 8 portions pour enfant ou 2 à 3 portions pour adulte

Un grand classique grec, composé d'agneau et d'aubergine nappés de sauce au fromage.

1 oignon pelé et finement haché
1 carotte pelée et finement hachée
1 gousse d'ail pelée et finement hachée
2 c. à s. d'huile de tournesol
1 c. à c. d'origan + 1 c. à c. de thym frais
½ c. à c. de cannelle + 1 c. à c. de quatre-
    épices

280 g d'agneau maigre haché
1 boîte de 400 g de tomates pelées
25 cl de bouillon d'agneau ou de bœuf peu salé
1 c. à c. de concentré de tomate
1 aubergine coupée en rondelles de 1 cm
1 part de sauce au fromage (voir p. 191)
1 œuf battu

Faites revenir l'oignon, la carotte et l'ail dans 1 c. à s. d'huile jusqu'à ce qu'ils soient tendres. Ajoutez l'agneau haché, les herbes et les épices. Faites légèrement dorer pendant 4 à 5 min, sans cesser de remuer. Incorporez les tomates, le bouillon et le concentré de tomates. Portez à ébullition, couvrez et laissez mijoter 1 h.

Pendant ce temps, faites dorer l'aubergine dans le reste d'huile, sur feu moyen. Égouttez-la sur du papier absorbant. Préparez la sauce au fromage (p. 191), ajoutez l'œuf battu et mélangez bien. Préchauffez le four à 200 °C (th. 6/7). Disposez une couche de rondelles d'aubergine dans un plat à gratin, couvrez avec la sauce à la viande, ajoutez le reste d'aubergine et nappez de sauce au fromage. Enfournez pour 45 à 60 min, jusqu'à ce que le dessus soit doré. Mixez pour les plus petits.

La moussaka se conserve 2 jours au réfrigérateur et 1 mois au congélateur.

Voir variantes p. 104

Sorbet pomme-mangue

Pour environ 90 cl

Le sorbet est à base d'eau, à la différence de la glace, préparée avec de la crème.
Ce dessert, délicieusement rafraîchissant les jours de grande chaleur, est également
un bon moyen d'encourager les enfants à se familiariser avec différentes saveurs
et à consommer des fruits.

1 grosse mangue pelée et dénoyautée	5 cl de jus de pomme sans sucre ajouté

Dans un robot, mixez la mangue et le jus de pomme.

Avec une sorbetière : suivez le mode d'emploi pour faire prendre le sorbet, puis transférez
la préparation dans un récipient et laissez raffermir 30 min au congélateur avant de servir.

Sans sorbetière : versez la purée de mangue dans un récipient adapté et placez-le au
congélateur. Au bout de 1 h, transférez la préparation dans un saladier et battez-la
au fouet : cette étape est nécessaire pour obtenir une texture lisse. Remettez le sorbet
dans le récipient et replacez-le au congélateur. Répétez l'opération 3 fois, à 1 h d'intervalle.
Le sorbet est alors prêt à servir.

Ne conservez pas ce sorbet plus de 1 semaine au congélateur. Placez-le au réfrigérateur
30 min avant de le déguster, pour qu'il ait la consistance idéale.

Voir variantes p. 105

Pommes au four

Pour 6 à 10 portions

C'est le premier aliment que ma fille ait goûté ! Je mangeais une pomme au four à côté d'elle tout en essayant de lui donner du riz pour bébé, mais elle ne cessait de vouloir attraper ma cuillère. Je l'ai laissée goûter ma pomme et elle a adoré. Aujourd'hui adolescente, elle apprécie toujours les pommes au four !

6 pommes

Préchauffez le four à 200 °C (th. 6/7). Lavez et évidez les pommes, puis pratiquez une incision horizontale sur leur pourtour, à mi-hauteur. Disposez-les dans un plat allant au four et enfournez pour 30 à 35 min, jusqu'à ce qu'elles soient tendres et que la chair soit légèrement boursouflée au niveau de l'incision.

Prélevez la chair à la cuillère et servez chaud ou froid. Les bébés la mangeront nature ; les enfants et les adultes l'apprécieront particulièrement avec un peu de crème pâtissière maison, de crème fraîche, de gelée de groseille ou de glace.

Une fois refroidies, ces pommes se conservent 2 jours au réfrigérateur. La chair écrasée se garde jusqu'à 1 mois au congélateur. Congelez-la dans un bac à glaçons avant de transférer les cubes dans un sachet de congélation étiqueté. Pour les décongeler, laissez simplement fondre 2 ou 3 cubes à température ambiante, mélangez et servez.

Voir variantes p. 106

Bananes au four

Pour 6 à 12 portions

Au lieu de cuire ces bananes au four, vous pouvez les faire griller au barbecue. Elles sont aussi délicieuses chaudes que froides, en particulier avec une boule de glace à la vanille.

6 bananes   **6 c. à c. de beurre**
6 pincées de cannelle en poudre

Préchauffez le four à 220 °C (th. 7/8). Incisez la peau des bananes sur toute leur longueur, à l'intérieur de la courbure. Sortez délicatement chaque banane de sa peau, en laissant celle-ci intacte. Saupoudrez de cannelle et parsemez de petits morceaux de beurre.

Remettez les bananes dans leur peau et enveloppez-les dans de l'aluminium ménager. Posez-les directement sur la grille du four et faites-les cuire 25 à 30 min, jusqu'à ce qu'elles soient tendres et la peau noircie. (Si les bananes sont très mûres, ne les laissez cuire que 20 à 25 min.)

Prélevez la chair à la cuillère, écrasez-la et servez. Une fois refroidie, elle se conserve 24 h au réfrigérateur et 1 mois au congélateur : remplissez-en un bac à glaçons, puis transférez les cubes dans un sachet de congélation étiqueté. Pour les décongeler, laissez simplement fondre 2 ou 3 cubes à température ambiante, mélangez et servez.

Voir variantes p. 107

Yaourt à la banane

Recette de base p. 53

Yaourt banane-avocat

Suivez la recette de base, en incorporant ½ avocat bien mûr écrasé. Ajoutez au besoin un peu de lait maternel ou maternisé pour obtenir la consistance souhaitée.

Yaourt banane-pomme

Suivez la recette de base, en ajoutant 1 c. à s. de compote de pommes (voir p. 30).

Yaourt banane-myrtille

Faites cuire 1 c. à s. de myrtilles fraîches ou décongelées 5 min dans un peu d'eau, jusqu'à ce qu'elles se désagrègent. Écrasez-les dans un chinois, puis incorporez le jus à la banane écrasée avant de mélanger au yaourt.

Yaourt banane-melon

Suivez la recette de base, en ajoutant 1 tranche écrasée de melon cantaloup ou gallia bien mûr.

Yaourt banane-pêche

Suivez la recette de base, en ajoutant la chair écrasée de 1 pêche bien mûre.

Variantes

Œufs brouillés

Recette de base p. 54

Œufs brouillés au fromage
Suivez la recette de base, en ajoutant 25 g de gruyère râpé au moment de battre les œufs avec le lait.

Œufs brouillés aux épinards
Suivez la recette de base, en ajoutant 6 ou 7 pousses d'épinards fraîches hachées en début de cuisson. Les épinards vont fondre et cuire en même temps que les œufs.

Œufs brouillés à la purée de légumes
Suivez la recette de base, en ajoutant 1 cube (ou 1 c. à s.) de purée de légumes (carottes, brocolis, patates douces...) en fin de cuisson.

Œufs brouillés au saumon
Suivez la recette de base, en ajoutant 1 c. à s. de saumon cuit et écrasé en fin de cuisson.

Œufs brouillés à la tomate
Suivez la recette de base. Pelez, épépinez et écrasez 1 tomate fraîche après l'avoir laissée tremper 10 min dans un bol d'eau bouillante, puis incorporez-la aux œufs en fin de cuisson.

Variantes

Flocons d'avoine

Recette de base p. 56

Flocons d'avoine à la pomme

Suivez la recette de base en incorporant 1 pomme râpée aux flocons d'avoine
cuits, juste avant de servir.

Flocons d'avoine à la pêche

Suivez la recette de base en incorporant aux flocons d'avoine cuits la chair
écrasée de 1 pêche bien mûre ainsi que 1 pincée de cannelle en poudre.

Flocons d'avoine à la purée d'abricots

Suivez la recette de base. Faites cuire 2 ou 3 abricots secs 4 à 5 min dans un peu
d'eau, mixez-les et ajoutez-les aux flocons d'avoine cuits.

Flocons d'avoine aux raisins secs

Suivez la recette de base. Faites cuire 2 c. à c. de raisins secs dans un peu d'eau,
mixez-les et ajoutez-les aux flocons d'avoine cuits.

Flocons d'avoine à la poire

Suivez la recette de base en incorporant 1 poire bien mûre écrasée aux flocons
d'avoine cuits, juste avant de servir.

Variantes

Mini-omelette

Recette de base p. 58

Mini-omelette aux herbes
Suivez la recette de base en parsemant l'omelette de 1 c. à c. de fines herbes fraîches avant de la replier.

Mini-omelette au fromage
Suivez la recette de base en parsemant l'omelette de 1 c. à s. d'emmental ou de comté râpé après l'avoir repliée.

Mini-omelette aux pousses d'épinard
Suivez la recette de base, en parsemant l'omelette de 6 ou 7 pousses d'épinards fraîches hachées avant qu'elle prenne.

Mini-omelette au jambon et au fromage
Suivez la recette de base, en parsemant l'omelette de 1 c. à s. d'emmental ou de comté râpé et de lanières de jambon extrafin avant qu'elle prenne. Vérifiez qu'elle est bien cuite avant de la replier.

Mini-omelette à la purée de petits pois
Faites cuire 50 g de petits pois surgelés 5 min dans un peu d'eau jusqu'à ce qu'ils soient tendres, puis mixez-les. Étalez cette purée sur l'omelette cuite avant de la replier, puis coupez-la en lanières.

Variantes

Pain perdu

Recette de base p. 61

Pain perdu à la purée de fruits frais

Suivez la recette de base, en accompagnant le pain perdu d'un peu de purée pomme-poire ou pomme-mangue (voir p. 45).

Pain perdu au fromage râpé

Suivez la recette de base, en ajoutant 1 c. à s. bombée de comté ou d'emmental râpé dans les œufs battus.

Pain perdu au jambon

Suivez la recette de base, en parsemant les bâtonnets de pain perdu de lanières de jambon maigre avant de servir.

Pain perdu aux fines herbes

Suivez la recette de base, en ajoutant 1 c. à c. de fines herbes fraîches hachées dans les œufs battus avant la cuisson.

Pain perdu à la sauce Worcestershire (plus de 12 mois)

Suivez la recette de base, en ajoutant ½ c. à c. de sauce Worcestershire dans les œufs battus avant la cuisson. Cette sauce sera pour bébé l'occasion de découvrir une nouvelle saveur légèrement épicée, mais n'en mettez que très peu car elle est très salée.

Variantes

Soupe aux légumes de printemps

Recette de base p. 62

Soupe aux légumes de printemps et aux pommes de terre
Suivez la recette de base, en ajoutant 1 pomme de terre pelée et hachée
aux autres légumes afin d'obtenir une soupe plus épaisse et plus nourrissante.
Mixez pour les bébés de moins de 12 mois.

Soupe aux légumes de printemps et aux petits pois
Suivez la recette de base, en ajoutant 1 c. à s. de petits pois frais ou décongelés
5 min avant la fin de la cuisson – ils vont adoucir la soupe sans lui ôter sa fraîcheur
printanière. Mixez pour les bébés de moins de 12 mois.

Soupe aux légumes de printemps et à la courgette
Suivez la recette de base, en ajoutant 1 petite courgette lavée et râpée aux autres
légumes. Mixez pour les bébés de moins de 12 mois.

Soupe aux légumes de printemps et au poivron rouge
Suivez la recette de base, en ajoutant 1 petit poivron rouge haché aux autres
légumes. Mixez pour les bébés de moins de 12 mois.

Variantes

Potage poireau-pomme de terre

Recette de base p. 64

Potage poulet-poireau-pomme de terre
Suivez la recette de base, en ajoutant 1 cuisse de poulet hachée
dans la casserole avec la pomme de terre et le poireau.

Potage poireau-pomme de terre-carotte
Suivez la recette de base, en ajoutant 1 petite carotte pelée et hachée
dans la casserole avec la pomme de terre et le poireau.

Potage poireau-pomme de terre-chou
Suivez la recette de base, en ajoutant ¼ de chou frisé dans la casserole
avec la pomme de terre et le poireau.

À la mode vichyssoise
Suivez la recette de base. Mixez le potage et placez-le au réfrigérateur.
Servez-le froid avec un peu de crème fraîche.

Potage poireau-patate douce
Suivez la recette de base, en remplaçant la pomme de terre par 1 grosse
patate douce.

Variantes

Potage au poulet

Recette de base p. 67

Potage au poulet et au maïs
Suivez la recette de base, en ajoutant 100 g de maïs en grains (frais, surgelé ou en conserve) 5 min avant la fin de la cuisson.

Potage au poulet et aux champignons
Suivez la recette de base, en ajoutant aux légumes 6 champignons de Paris finement hachés.

Potage au poulet et aux pâtes (plus de 12 mois)
Suivez la recette de base, en ajoutant 25 g de spaghettis cassés en petits morceaux 10 min avant la fin de la cuisson. Veillez à hacher les légumes et le poulet très fin, car cette variante ne se mixe pas : réservez-la aux bébés de plus de 12 mois.

Potage thaï au poulet (plus de 12 mois)
Suivez la recette de base, en ajoutant 2 branches de citronnelle fraîches coupées dans la longueur, 2 feuilles de combava, 2 c. à s. de petits pois frais ou surgelés et 1 c. à s. de sauce au poisson 5 min avant la fin de la cuisson.

Variantes

Sauce tomate

Recette de base p. 69

Gaspacho (plus de 12 mois)
Suivez la recette de base et laissez bien refroidir, puis incorporez ½ concombre finement haché ou râpé, ½ poivron rouge finement haché et 1 pincée de cumin ou de piment en poudre (facultatif). Ajoutez 20 cl d'eau froide. Servez bien frais.

Dip à la tomate
Suivez la recette de base. Après avoir ajouté le basilic dans la sauce, poursuivez la cuisson 20 min jusqu'à ce qu'elle ait épaissi, en mélangeant fréquemment pour qu'elle ne brûle pas. Servez chaud ou froid, avec des bâtonnets de légumes ou des gressins (voir p. 130) pour les bébés les plus grands.

Soupe à la tomate
Suivez la recette de base, en remplaçant l'eau par 45 cl de bouillon de légumes, mixez et servez chaud.

Ketchup (plus de 12 mois)
Suivez la recette de base, en ajoutant 1 ½ c. à c. de sauce Worcestershire et en remplaçant le basilic par 1 pincée de gingembre en poudre. Faites cuire à découvert et augmentez le feu durant les 5 dernières minutes pour obtenir la consistance épaisse d'un ketchup.

Variantes

Sauce aux légumes du sud grillés

Recette de base p. 70

Aubergines farcies à la sauce aux légumes grillés
Suivez la recette de base. Coupez 2 aubergines en deux, huilez-les au pinceau et enfournez pour 30 min à 220 °C (th. 7/8), face coupée au-dessous, jusqu'à ce qu'elles soient tendres. Prélevez la chair à la cuillère, en laissant la peau intacte. Hachez ou écrasez la chair, mélangez-la avec la moitié de la sauce et garnissez les demi-aubergines avec cette préparation. Parsemez d'un peu de mozzarella et passez 3 à 4 min sous le gril.

Gratin de pâtes à la sauce aux légumes grillés
Suivez la recette de base en mélangeant la sauce avec 350 g de pâtes cuites. Préchauffez le four à 190 °C (th. 6/7), versez les pâtes dans un plat à gratin, parsemez de fromage râpé et faites cuire 10 min.

Boulettes de viande à la sauce aux légumes grillés
Suivez la recette de base en ajoutant à la fin des boulettes bœuf ou d'agneau hachés (voir p. 208). Délicieux avec des pâtes !

Pain à l'ail garni de sauce aux légumes grillés (plus de 9 mois)
Suivez la recette de base. Faites griller au four d'épaisses tranches de pain huilées au pinceau et frottées d'ail, nappez de sauce, parsemez d'un peu de mozzarella et servez.

Variantes

Petite purée de poulet aux carottes

Recette de base p. 72

Purée poulet-pomme de terre-carotte
Suivez la recette de base, en ajoutant 1 pomme de terre pelée et hachée.

Purée poulet-carotte-panais
Suivez la recette de base, en ajoutant 1 panais pelé et haché.

Purée poulet-patate douce-épinards
Suivez la recette de base, en ajoutant 100 g de pousses d'épinards fraîches
et en remplaçant les carottes par 1 patate douce cuite à la vapeur ou au four
puis écrasée (voir p. 34).

Purée de poulet, lentilles et patate douce (plus de 9 mois)
Au lieu de suivre la recette de base, mettez le poulet haché dans une casserole
avec 1 patate douce lavée, pelée et hachée et 50 g de lentilles corail. Couvrez
d'eau et faites bouillir 30 à 35 min. Mixez avec un peu de lait maternisé.

Purée de poulet aux herbes
Au lieu de suivre la recette de base, mettez le blanc de poulet et les carottes
hachés dans une casserole avec 1 panais et 1 pomme de terre pelés et hachés
ainsi que 1 pincée de fines herbes séchées. Couvrez d'eau et faites bouillir
doucement 20 à 25 min. Mixez avec un peu de lait maternisé.

Variantes

Dinde aux petits légumes

Recette de base p. 75

Dinde aux petits légumes et aux champignons
Suivez la recette de base, en ajoutant 6 champignons finement hachés
aux carottes.

Dinde aux petits légumes et au poireau
Suivez la recette de base, en remplaçant l'oignon par 1 blanc de poireau
lavé et finement haché.

Dinde aux petits légumes et à la pomme de terre
Suivez la recette de base, en ajoutant aux carottes 1 pomme de terre
moyenne pelée et hachée.

Dinde au panais et à la patate douce
Suivez la recette de base, en remplaçant les carottes par 1 petit panais
et 1 petite patate douce, lavés, pelés et hachés.

Dinde aux poivrons
Suivez la recette de base, en remplaçant les carottes par 2 poivrons
rouges ou verts hachés.

Variantes

Goulache de bœuf

Recette de base p. 76

Goulache de bœuf au riz
Suivez la recette de base, en n'utilisant que 100 g de pommes de terre, puis écrasez et servez avec du riz mixé (inutile de mixer ou d'écraser pour les bébés de plus de 9 mois).

Goulache de porc
Suivez la recette de base, en remplaçant le bœuf par du porc désossé.

Goulache de bœuf aux champignons et aux carottes
Suivez la recette de base, en remplaçant le poivron vert par quelques champignons finement hachés et 1 carotte lavée, pelée et finement hachée. Mixez ou écrasez et servez.

Goulache de poulet
Suivez la recette de base, en remplaçant le bœuf par 2 ou 3 blancs de poulet sans la peau. Mixez ou écrasez.

Goulache de légumes
Suivez la recette de base, en remplaçant le bœuf par ½ aubergine finement hachée, et le bouillon de bœuf par du bouillon de légumes peu salé. Faites revenir l'aubergine avec l'oignon puis procédez comme indiqué.

Variantes

Curry de poulet au riz

Recette de base p. 79

Curry de poulet aux raisins secs (plus de 9 mois)
Suivez la recette de base, en ajoutant 1 c. à s. de raisins secs en même temps
que le bouillon. Attention ! Écrasez ou hachez très finement les raisins secs
pour prévenir tout risque d'étouffement.

Curry au chou-fleur et à la pomme de terre
Suivez la recette de base, en remplaçant le poulet et la carotte par quelques
fleurettes de chou-fleur rincées et 1 petite pomme de terre lavée, pelée
et hachée.

Curry à la patate douce et aux petits pois
Suivez la recette de base, en remplaçant le poulet par 1 petite patate douce
lavée, pelée et hachée et 1 c. à s. de petits pois surgelés.

Curry au poulet et à la mangue
Suivez la recette de base, en ajoutant ½ mangue bien mûre pelée et hachée
5 min avant la fin de la cuisson.

Ragoût de bœuf

Recette de base p. 80

Ragoût d'agneau
Suivez la recette de base, en remplaçant le bœuf par 225 g d'agneau désossé
et coupé en cubes ou haché.

Ragoût de porc
Suivez la recette de base, en remplaçant le bœuf par 225 g de porc désossé
et coupé en cubes ou haché.

Ragoût de poulet
Suivez la recette de base, en remplaçant le bœuf par 2 ou 3 blancs de poulet
sans la peau.

Ragoût de bœuf au brocoli et aux haricots verts
Suivez la recette de base, en ajoutant 4 fleurettes de brocoli et 1 poignée
de haricots verts dans la casserole au bout de 10 minutes de cuisson.

Ragoût de bœuf au riz complet
Suivez la recette de base, en supprimant les pommes de terre. Faites cuire
70 g de riz complet en suivant les instructions figurant sur l'emballage.
Ajoutez le riz au bœuf et aux carottes et mixez.

Variantes

Moussaka

Recette de base p. 83

Moussaka aux pommes de terre
Suivez la recette de base, en remplaçant l'aubergine par 3 pommes de terre
moyennes lavées, pelées et coupées en rondelles épaisses. Mixez ou écrasez
pour les bébés de moins de 12 mois.

Moussaka au bœuf
Suivez la recette de base, en remplaçant l'agneau haché par du bœuf maigre
haché. Mixez ou écrasez pour les bébés de moins de 12 mois.

Moussaka aux légumes (plus de 9 mois)
Suivez la recette de base, en remplaçant la viande par 100 g de lentilles vertes
et en ajoutant 1 poivron rouge épépiné et finement haché avec l'oignon.
Mixez ou écrasez.

Moussaka à la dinde
Suivez la recette de base, en remplaçant l'agneau par de la dinde hachée.
Mixez ou écrasez.

Variantes

Sorbet pomme-mangue

Recette de base p. 84

Sorbet pomme-pêche
Suivez la recette de base, en remplaçant la mangue par 3 grosses pêches
bien mûres pelées, dénoyautées et hachées.

Sorbet pomme-poire
Suivez la recette de base, en remplaçant la mangue par 2 grosses poires
bien mûres pelées, épépinées et hachées.

Sorbet pomme-raisin
Suivez la recette de base, en remplaçant la mangue par 200 g de grains
de raisin épépinés et pelés.

Sorbet mangue-citron vert (plus de 12 mois)
Suivez la recette de base, en remplaçant le jus de pomme par 5 cl de jus
de citron vert fraîchement pressé. Si la préparation vous semble trop acide,
ajoutez 1 c. à c. de miel.

Sorbet mangue-citron (plus de 12 mois)
Suivez la recette de base, en remplaçant le jus de pomme par 5 cl de jus de
citron fraîchement pressé. Si la préparation vous semble trop acide, ajoutez
1 c. à c. de miel.

Variantes

Pommes au four

Recette de base p. 87

Pommes au four à la cannelle
Suivez la recette de base, en saupoudrant 1 c. à c. de cannelle mélangée
à 1 c. à c. de cassonade.

Pommes au four à l'orange et à l'abricot
Suivez la recette de base, en insérant un abricot sec haché dans le trou
des pommes évidées. Parsemez avec le zeste râpé de 1 orange et versez
le jus de l'orange avant d'enfourner.

Pommes au four à la poire
Suivez la recette de base. Mélangez 2 c. à c. de cassonade avec la chair
écrasée d'une poire et insérez cette préparation dans les pommes évidées.

Poires au four aux myrtilles
Au lieu de suivre la recette de base, évidez 6 poires et disposez-les sur une
plaque de cuisson. Remplissez les cavités de myrtilles. Enfournez pour 15
à 20 min (200 °C, th. 6/7) Servez froid.

Pêches au four
Suivez la recette de base, en remplaçant les pommes par de grosses pêches
bien mûres dénoyautées.

Variantes

Bananes au four

Recette de base p. 88

Bananes au four à la cassonade et aux noix (plus de 12 mois)
Suivez la recette de base, en saupoudrant la banane de 1 c. à c. de cassonade puis de morceaux de beurre, et faites cuire comme indiqué. Parsemez de noix finement hachées ou moulues avant de servir.

Bananes au four au yaourt
Suivez la recette de base, puis servez chaud avec 1 cuillerée de yaourt nature bien frais non sucré.

Bananes au four aux pépites de chocolat (plus de 12 mois)
Suivez la recette de base, en remplaçant la cannelle et le beurre par 1 c. à c. de pépites de chocolat insérées sous la peau, avec la banane. Servez chaud lorsque le chocolat a fondu.

Bananes au four à la ricotta sucrée
Suivez la recette de base, puis accompagnez la banane chaude de 1 c. à s. de ricotta mélangée avec 1 c. à c. de sucre glace.

De 9 à 12 mois

Bébé commence à s'affirmer et à vouloir manger seul. De nouvelles dents font leur apparition, il peut croquer plus facilement. C'est le moment de varier les textures : ne mixez plus autant ses aliments. Continuez toutefois d'éviter le raisin ou les dés de fruits et légumes trop fermes pour prévenir les risques d'étouffement. En route pour de nouvelles expériences !

Galettes de pomme de terre

Pour 8 galettes

Voici une recette qui permet d'accommoder les restes de purée de pommes de terre. Coupées en petites parts, ces galettes remplacent avantageusement les sandwichs ou les morceaux de pain donnés aux jeunes enfants comme en-cas.

900 g de purée de pommes de terre
150 g de farine

2 c. à s. de beurre fondu
+ un peu pour la poêle

Mélangez les ingrédients dans un saladier. Transférez la préparation sur un plan de travail légèrement fariné et pétrissez délicatement afin de bien amalgamer l'ensemble jusqu'à obtention d'une consistance homogène.

Étalez la pâte avec un rouleau à pâtisserie pour former un disque ayant la taille d'une grande assiette, puis découpez-le en parts plus ou moins grandes selon l'âge de l'enfant.

Faites fondre le beurre dans une poêle à fond épais, sur feu moyen à vif. Disposez-y les parts de galette et laissez-les dorer 3 à 4 min sur chaque face. Retirez du feu et couvrez avec un torchon propre : de cette manière, vous pouvez les tenir au chaud 30 à 40 min dans le four à basse température.

Ces galettes sont meilleures chaudes. Une fois refroidies, elles se conservent 1 mois au congélateur.

Voir variantes p. 142

Biscotti au babyccino

Pour 20 à 24 biscuits

Les biscotti sont des biscuits italiens très durs (ils cuisent deux fois), délicieux trempés dans un lait chaud crémeux, ou *babyccino*.

250 g de farine
2 c. à c. de levure
½ c. à c. de cannelle en poudre

2 œufs battus + 1 jaune
1 c. à s. de lait (maternel ou maternisé)

Préchauffez le four à 175 °C (th. 5/6). Tapissez une plaque de cuisson de papier sulfurisé. Dans un saladier, mélangez la farine, la levure et la cannelle (ajoutez 100 g de sucre si vous préparez cette recette pour des adultes). Incorporez les œufs jusqu'à obtention d'une pâte lisse – ajoutez un peu de farine si vous en avez la préparation vous semble trop liquide. Divisez la pâte en deux et formez un boudin avec chaque moitié. Disposez-les sur la plaque et aplatissez-les un peu. Battez le jaune d'œuf et le lait et badigeonnez le dessus des boudins au pinceau, pour donner un bel aspect brillant aux biscotti. Enfournez pour 20 à 25 min, jusqu'à ce que le dessus soit doré. Laissez refroidir.

Baissez le four à 160 °C (th. 5/6). Avec un couteau à dents bien aiguisé, découpez les boudins en tranches de 1 cm. Disposez les biscotti à plat sur la plaque, sur une seule épaisseur. Remettez 15 à 20 min au four. Laissez-les refroidir sur une grille.

Ces biscuits se conservent 1 semaine dans une boîte hermétique et 1 mois au congélateur s'ils y sont mis le jour même.

Voir variantes p. 143

Crêpes pour bébé

Pour 4 crêpes

Faciles à préparer, les crêpes sont un régal accompagnées de fruits frais ou nappées d'un filet d'orange pressée. Bébé peut les déguster avec les doigts à partir de 9 mois.

75 g de farine
1 œuf battu

25 cl de lait (maternel ou maternisé)
1 c. à c. de beurre

Mettez la farine dans un saladier, creusez un puits au centre et placez-y l'œuf battu. Battez au fouet, du centre vers l'extérieur, pour incorporer la farine peu à peu. Ajoutez le lait progressivement, en veillant à ce que la préparation soit lisse avant d'en verser davantage.

Faites fondre le beurre dans une poêle antiadhésive, sur feu moyen. Versez 1 louche de pâte – le fond doit être recouvert. Quand les bords se décollent, retournez la crêpe et faites cuire l'autre face. Glissez-la sur une assiette chaude, couvrez d'un torchon propre ou d'aluminium ménager et répétez l'opération jusqu'à épuisement de la pâte. Coupez les crêpes en lanières pour les donner à bébé.

Vous pouvez les conserver 2 jours au réfrigérateur, enveloppées dans du film alimentaire et placées dans une boîte hermétique, et 1 mois au congélateur.

Voir variantes p. 144

Pommes de terre au fromage

Pour 6 à 8 portions

Ces pommes de terre accompagneront aussi bien de la viande rouge que de la volaille, du poisson ou des petits légumes. Pour bébé, formez des boulettes de 2,5 cm (si la purée est trop collante, trempez vos doigts dans un peu de farine) : il va en raffoler !

2 pommes de terre moyennes   **4 c. à s. de fromage râpé**

Préchauffez le four à 220 °C (th. 7/8).

Piquez les pommes de terre de toutes parts avec une fourchette, disposez-les sur la grille du four en position haute et faites-les cuire 50 à 60 min, jusqu'à ce qu'elles soient bien moelleuses.

Sortez-les du four, coupez-les en deux et prélevez la chair à la cuillère pour la mettre dans un saladier. Ajoutez le fromage râpé et écrasez l'ensemble. Servez tel quel ou remettez la préparation dans la peau des pommes de terre.

Une fois refroidies, ces pommes de terre se conservent 3 jours au réfrigérateur et 1 mois au congélateur.

Voir variantes p. 145

Quartiers de pomme de terre

Pour 6 à 8 portions

Plus équilibrés que les chips, ces quartiers de pomme de terre sont cuits au four.
Ils se dégustent nature ou trempés dans une sauce. Les bébés de plus de 9 mois
se feront un plaisir de les manger tout seuls avec les doigts.

6 grosses pommes de terre   **6 c. à c. d'huile de tournesol**

Préchauffez le four à 220 °C (th. 7/8).

Lavez et pelez les pommes de terre, coupez-les en deux dans la longueur, puis en 8 à
10 quartiers selon leur grosseur.

Versez l'huile dans un grand sachet de congélation. Glissez-y les pommes de terre, refermez
le sachet et secouez-le de façon à bien enrober les quartiers – vous utiliserez ainsi beaucoup
moins d'huile que si vous la versiez en filet directement sur les tubercules.

Répartissez les quartiers de pomme de terre sur une plaque et enfournez pour 20 à 25 min,
en les retournant à mi-cuisson. Ils sont prêts quand ils sont dorés à l'extérieur et fondants
à l'intérieur. Laissez-les refroidir un peu avant de servir.

Ces pommes de terre se conservent jusqu'à 2 jours au réfrigérateur et 1 mois au congélateur.

Voir variantes p. 146

Dhal

Pour 6 à 8 portions

Lorsque votre enfant mange des fruits et des légumes depuis 1 à 2 mois, vous pouvez introduire les lentilles, riches en protéines, pauvres en graisses et source de calcium, de fer et de fibres. Les lentilles corail sont les plus digestes, mais elles peuvent néanmoins donner des gaz au bébé : n'en proposez qu'une petite quantité à bébé la première fois.

50 g de lentilles corail
1 petit oignon
Un peu d'huile de tournesol
Un tronçon de 2 cm de gingembre pelé et râpé
1 gousse d'ail finement hachée

½ c. à c. de coriandre en poudre
¼ de c. à c. de cannelle en poudre
¼ de c. à c. de curcuma en poudre
40 cl de bouillon de légumes peu salé

Faites tremper les lentilles pendant 1 h, égouttez-les, rincez-les, placez-les dans de l'eau que vous porterez à ébullition 10 min ; égouttez-les et rincez-les à nouveau, puis laissez-les tremper, recouvertes d'eau, dans un saladier.
Pelez l'oignon et hachez-le finement ; faites-le revenir 10 à 15 min dans l'huile, sur feu doux, jusqu'à ce qu'il devienne translucide. Ajoutez le gingembre et l'ail, poursuivez la cuisson 1 min. Incorporez les épices, laissez cuire encore 1 min. Égouttez les lentilles, rincez-les et versez-les dans la casserole. Mouillez avec le bouillon, portez à ébullition, couvrez et laissez mijoter 20 à 30 min, jusqu'à ce que les lentilles soient tendres – ajoutez du bouillon ou de l'eau si le dhal semble trop sec.

Laissez refroidir légèrement avant de servir. Le dhal se conserve 3 jours au réfrigérateur et 1 mois au congélateur.

Voir variantes p. 147

Mon premier plat de poisson

Pour 4 à 6 portions

Riche en vitamines, en minéraux et en protéines, le poisson cuit rapidement. Commencez par un poisson blanc à la saveur douce (limande, cabillaud, églefin...), puis introduisez des poissons gras au goût plus prononcé (saumon, thon, maquereau...) – mais pas plus d'une fois par semaine, en raison de leur teneur élevée en mercure. Ôtez soigneusement les arêtes pour prévenir tout risque d'étouffement.

2 filets de poisson désarêtés
45 cl ou plus de lait
   (maternel ou maternisé)
1 pincée d'aneth et de persil séchés

2 carottes pelées et hachées
2 pommes de terre pelées et hachées
4 c. à s. d'emmental finement râpé

Préchauffez le four à 190 °C (th. 6/7). Disposez le poisson dans un plat peu profond, versez le lait par-dessus et parsemez d'herbes. Couvrez d'aluminium ménager et enfournez pour 20 à 25 min, jusqu'à ce que le poisson soit cuit.

Portez une casserole d'eau à ébullition et faites-y cuire les carottes et les pommes de terre 15 min, jusqu'à ce qu'elles soient tendres. Quand le poisson est cuit, sortez-le du plat. Écrasez-le avec un peu de lait de cuisson. Égouttez les légumes et écrasez-les également avec un peu de lait ; ajoutez le fromage râpé et mélangez. Servez le poisson accompagné de purée au fromage.

Une fois refroidi, ce plat se conserve 2 jours au réfrigérateur et 1 mois au congélateur – congelez-le dès qu'il a refroidi.

Voir variantes p. 148

Croquettes de poisson

Pour 12 à 15 petites croquettes

Ces croquettes de poisson sont plus saines que celles du commerce, notamment parce qu'elles sont cuites au four et non frites à la poêle. Coupez-les en tout petits morceaux pour un bébé de moins de 12 mois, et servez-les avec des légumes tels que des brocolis.

2 grosses pommes de terre pelées et coupées
    en dés
2 petits filets de poisson blanc (cabillaud,
    églefin, carrelet) sans la peau
90 cl de lait (maternel ou maternisé)

2 noix de beurre
4 œufs battus
275 g de farine
150 g de chapelure
Huile pour la plaque

Préchauffez le four à 175 °C (th. 5/6). Faites cuire les pommes de terre 15 à 20 min dans une casserole d'eau, jusqu'à ce qu'elles soient tendres. Pendant ce temps, disposez le poisson dans un plat, couvrez-le de lait et enfournez pour 10 à 15 min, jusqu'à ce qu'il soit cuit. Émiettez-le en retirant toutes les arêtes. Égouttez les pommes de terre et écrasez-les avec le beurre. Ajoutez le poisson et 2 œufs battus. Mélangez bien. Confectionnez des boulettes et aplatissez-les légèrement pour former de petites croquettes. Augmentez la température du four à 200 °C (th. 6/7). Versez la farine dans un saladier, les 2 œufs restants dans un autre et la chapelure dans une assiette. Enrobez les croquettes de farine, trempez-les dans l'œuf puis dans la chapelure. Posez-les sur une plaque de cuisson légèrement huilée au pinceau. Enfournez pour 10 à 15 min, en les retournant à mi-cuisson. Servez.

Une fois refroidies, les croquettes se conservent 2 jours au réfrigérateur et 1 mois au congélateur.

Voir variantes p. 149

Nuggets de poulet

Pour 8 à 10 nuggets

Le poulet constitue une bonne source de protéines pour bébé. Ces nuggets sont cuits à la poêle ou au four, ils ne sont donc pas trop gras.

2 blancs de poulet désossés et sans la peau
1 blanc d'œuf

1 c. à s. de farine de maïs
1 c. à s. d'huile de tournesol

Coupez chaque blanc de poulet en 4 ou 5 morceaux d'environ 3,5 cm. Mélangez le blanc d'œuf et la farine de maïs dans un bol, jusqu'à obtention d'une consistance homogène. Trempez chaque morceau de poulet dans cette préparation.

Faites chauffer l'huile dans une poêle antiadhésive sur feu moyen, puis mettez-y les nuggets. Laissez-les bien dorer sur chaque face. Veillez à ce que le poulet soit bien cuit – si l'extérieur colore trop rapidement, baissez un peu le feu.
Pour les cuire au four, préchauffez l'appareil à 200 °C (th. 6/7). Disposez les nuggets sur une plaque de cuisson huilée. Enfournez-les pour 10 à 15 min, en les retournant à mi-cuisson, jusqu'à ce qu'ils soient cuits à cœur et bien dorés.

Servez les nuggets avec des légumes verts, des quartiers de pomme de terre (voir p. 116) et une sauce tomate maison (voir p. 69).

Une fois refroidis, les nuggets se conservent 2 jours au réfrigérateur et 1 mois au congélateur.

Voir variantes p. 150

Bœuf Stroganoff

Pour 6 portions pour enfant ou 2 portions pour adulte

Cette recette traditionnelle russe, à servir avec du riz, est facile et rapide à préparer. Non seulement elle plaira à bébé, mais vos invités vont l'adorer.

450 g de steak maigre
1 oignon
1 c. à s. de beurre

2 c. à c. d'huile d'olive
10 cl de fromage blanc
100 g de riz

Coupez le steak en tranches fines. Pelez et hachez l'oignon. Faites fondre le beurre avec l'huile d'olive dans une poêle antiadhésive, sur feu doux. Mettez-y les oignons et laissez-les suer 10 min jusqu'à ce qu'ils soient translucides et tendres, en veillant à ce qu'ils ne dorent pas.

Ajoutez la viande et faites-la revenir 3 à 4 min à feu moyen. Versez la crème et laissez-la chauffer 1 min.

Pendant ce temps, portez une casserole d'eau à ébullition. Versez-y le riz et faites-le cuire en suivant les instructions figurant sur l'emballage. Égouttez-le et servez-le recouvert de viande et de sauce.

Jetez le riz non consommé. Une fois refroidi, le bœuf stroganoff se conserve 2 jours au réfrigérateur et 1 mois au congélateur.

Voir variantes p. 151

Chili con carne

Pour 8 à 10 portions pour enfant ou 4 portions pour adulte

Préparez ce chili pour toute la famille, et proposez un pot de sauce pimentée à part. Servez avec du riz (mixé pour bébé), des chips de tortilla (voir p. 169) ou des quartiers de patate douce (p. 146).

1 oignon pelé et finement haché
1 carotte pelée et finement hachée
1 c. à s. d'huile de tournesol
450 g de bœuf maigre haché
200 g de haricots rouges en conserve,
    égouttés et rincés

400 g de tomates pelées en conserve
25 cl de bouillon de bœuf peu salé
½ c. à c. de coriandre en poudre
½ c. à c. de cumin en poudre
1 pincée de piment en poudre (facultatif)

Faites revenir l'oignon et la carotte 5 min dans une poêle antiadhésive huilée, sur feu moyen, jusqu'à ce qu'ils commencent à s'attendrir et à dorer. Transférez-les dans une grande casserole et ajoutez le bœuf haché et émietté. Faites cuire 4 à 5 min, en mélangeant pour briser les morceaux de viande – elle doit être légèrement dorée.

Ajoutez les haricots, les tomates et leur jus, le bouillon, la coriandre, le cumin et le piment (facultatif). Mélangez bien. Portez à ébullition, réduisez à petits bouillons, couvrez et laissez cuire 30 à 40 min.

Une fois refroidi, ce plat se conserve 2 jours au réfrigérateur et 1 mois au congélateur.

Voir variantes p. 152

Pain de viande

Pour 6 à 8 portions pour enfant ou 3 à 4 portions pour adulte

Vous pouvez émietter ce pain de viande pour bébé ou le couper en bâtonnets pour les enfants un peu plus grands. Il ravira également les papilles de toute la famille !

1 oignon pelé et râpé
1 carotte pelée et râpée
100 g de pousses d'épinards finement hachées
275 g de bœuf maigre haché
½ c. à c. d'herbes séchées de votre choix
1 pincée de cannelle en poudre

225 g de chapelure
4 c. à s. de mozzarella en petits dés
10 cl de lait (maternel ou maternisé)
1 œuf
Beurre pour le moule

Préchauffez le four à 175 °C (th. 5/6). Mélangez tous les ingrédients dans un saladier puis versez la préparation dans un moule à cake beurré. Enfournez pour 1 h à 1 h 15, jusqu'à ce que le pain de viande soit cuit. Servez chaud.

Une fois refroidi, ce pain de viande se conserve 2 jours au réfrigérateur et 1 mois au congélateur.

Voir variantes p. 153

Gressins

Pour 8 bâtonnets

Cette recette de pâte à pain classique permet de confectionner de petits gressins sains et croustillants, ou bien une focaccia (voir p. 215) ou un fond de pizza (voir p. 211).

275 g de farine à pain
   + un peu pour saupoudrer
½ c. à c. de sel

½ c. à c. de sucre
1 c. à s. d'huile d'olive + un peu pour la plaque
1 c. à c. de levure

Versez la farine, le sel, le sucre, l'huile et la levure dans un saladier. Creusez un puits au centre, versez-y 10 cl d'eau chaude et mélangez avec les doigts. Ajoutez encore autant d'eau chaude, progressivement, jusqu'à obtention d'une pâte souple légèrement collante.

Farinez le plan de travail propre et déposez-y la pâte. Pétrissez-la 5 à 10 min afin de la rendre lisse et élastique. Replacez-la dans le saladier, couvrez de film alimentaire ou d'un torchon humide et laissez gonfler 1 h environ dans un endroit chaud, jusqu'à ce qu'elle ait doublé de volume.

Préchauffez le four à 220 °C (th. 7/8). Aplatissez la pâte avec le poing pour éliminer les bulles d'air et divisez-la en plusieurs morceaux avec lesquels vous formerez de longs boudins, du diamètre d'un crayon et à peu près de la moitié de sa longueur. Disposez-les sur une plaque de cuisson huilée et laissez dorer 10 à 15 min. Transférez-les ensuite sur une grille pour les y laisser refroidir.
Rangez les gressins froids dans une boîte hermétique, où ils se conserveront 3 jours au maximum, ou bien congelez-les pour les déguster dans le mois.

Voir variantes p. 154

Anneaux de pomme séchée

Pour 60 à 70 anneaux

Cette recette est idéale si vous avez un pommier dans votre jardin ou si vous pouvez acheter des pommes en grande quantité la saison venue. Tremper les anneaux de pomme dans du jus de citron les empêche de s'oxyder et de noircir, et une cuisson longue et lente permet de les déshydrater. Ainsi séchées, les pommes se conservent plus longtemps. Proposez ces anneaux aux bébés de 9 mois et plus, dont les premières dents commencent à sortir.

10 pommes   **2 c. à s. de jus de citron**

Pelez, évidez les pommes et coupez-les en anneaux de 5 mm d'épaisseur. Dans un saladier, mélangez le jus de citron et 70 cl d'eau. Faites-y tremper les pommes pendant 5 min, en veillant à ce qu'elles soient bien recouvertes. Égouttez-les et séchez-les.

Préchauffez le four à 140 °C (th. 4/5). Disposez les anneaux sur une grille bien propre. Enfournez-les et laissez-les cuire 1 h, en vérifiant de temps à autre qu'ils ne brûlent pas : l'objectif est de les déshydrater et non de les cuire. S'ils semblent brunir ou cuire, éteignez le four et laissez-les dans l'appareil 4 à 5 h, jusqu'à ce qu'ils soient secs.

Une fois les anneaux déshydratés, sortez-les du four et laissez bien refroidir. Conservez-les dans une boîte hermétique 1 mois maximum.

Voir variantes p. 155

Glace à la vanille sans œuf

Pour 90 cl environ

À la différence de la crème glacée classique réalisée à partir d'une crème aux œufs (p. 236), cette version sans œuf n'est composée que de crème et d'extrait de vanille, battus et pris en glace. N'en proposez qu'occasionnellement à votre bébé, afin qu'il ne s'habitue pas trop aux saveurs très sucrées.

45 cl de crème fraîche épaisse
22,5 cl de lait (maternel ou maternisé)

80 g de sucre en poudre
2 à 3 c. à c. d'extrait de vanille

Mélangez tous les ingrédients.

Avec une sorbetière : suivez les instructions du fabricant pour faire prendre la préparation, puis laissez-la raffermir au congélateur 30 min dans un récipient adapté.

Sans sorbetière : placez la préparation au congélateur dans un contenant adapté. Au bout de 1 h, sortez le récipient, versez le contenu dans un saladier et fouettez pour briser les cristaux. Cette étape est nécessaire si l'on veut obtenir une glace à la texture bien lisse. Reversez la préparation dans le récipient et replacez-le au congélateur. Répétez l'opération 3 fois ; la glace est alors prête à déguster.

Mettez le récipient au réfrigérateur 30 min avant de servir, afin que la glace soit moins dure. Elle ne se conserve pas plus de 1 semaine au congélateur.

Voir variantes p. 156

Gelée à la myrtille

Pour 4 à 6 desserts pour enfant ou 1 pour adulte

Bébé mangera facilement ce dessert maison aux fruits, sain et original.

900 g de myrtilles fraîches ou décongelées   **Le jus de 2 citrons**
   (avec leur jus)   **1 sachet de gélatine en poudre (6 g)**

Mettez 450 g de myrtilles dans une casserole avec le jus des citrons et 10 cl d'eau. Portez doucement à ébullition, laissez mijoter 5 min, jusqu'à ce que les myrtilles se désagrègent. Pressez-les dans un chinois pour en retirer les pépins.

Versez 90 cl d'eau dans un petit saladier, saupoudrez de gélatine et laissez reposer 2 min. Placez le saladier au-dessus d'un bol d'eau bouillante pour faire fondre la gélatine.

Versez la gélatine dissoute dans le jus de myrtille et mélangez bien au fouet.

Répartissez les myrtilles restantes au fond de plusieurs coupelles individuelles ou d'un grand saladier. Versez doucement la préparation sur les fruits et laissez prendre 2 à 3 h au réfrigérateur.

Cette gelée se conserve 3 jours au réfrigérateur. Elle ne se congèle pas.

Voir variantes p. 157

Esquimaux aux fruits

Pour 5 ou 6 esquimaux

Tout le monde adore ces esquimaux ! Ici, il s'agit tout simplement d'une purée de fruits congelée, qui conserve les bienfaits des fruits frais.

4 oranges navel   1 banane
1 mangue bien mûre   2 c. à s. de yaourt nature

Pressez les oranges. Pelez la mangue, ôtez le noyau et hachez la chair. Pelez et écrasez la banane.

Mettez le jus d'orange, la mangue, la banane et le yaourt dans un robot. Mixez jusqu'à obtention d'une consistance lisse. Ajoutez un peu de jus d'orange ou d'ananas si la préparation est trop épaisse. Versez-la dans des moules à esquimaux et laissez-les prendre toute la nuit au congélateur.

Ces esquimaux se conservent 1 mois au congélateur.

Voir variantes p. 158

Crumble aux pommes

Pour 8 à 10 portions pour enfant ou 4 portions pour adulte

Ce dessert classique séduit toutes les générations… et il est toujours aussi bon le lendemain. Servez-le nature à bébé, et avec de la glace, de la crème fraîche ou de la crème pâtissière au reste de la famille.

275 g de farine avec levure incorporée
100 g de beurre + un peu pour le plat
50 g de cassonade

700 g de pommes, lavées, pelées, évidées et coupées en morceaux.

Préchauffez le four à 200 °C (th. 6/7). Beurrez légèrement un plat de 20 à 23 cm de diamètre.

Mélangez le beurre et la farine du bout des doigts, de façon à obtenir des miettes de pâte. Ajoutez la cassonade.

Disposez les pommes dans le plat, recouvrez-les de miettes de pâte et enfournez pour 20 à 25 min, jusqu'à ce que le dessus du crumble soit doré et les pommes fondantes. Pour un bébé de moins de 12 mois, écrasez un peu les pommes cuites. Servez chaud ou froid.

Le crumble se conserve 3 jours au réfrigérateur et 1 mois au congélateur.

Voir variantes p. 159

Variantes

Galettes de pomme de terre

Recette de base p. 109

Galettes de pomme de terre à la farine complète
Suivez la recette de base, en remplaçant la farine blanche par de la farine complète.

Galettes de patate douce
Suivez la recette de base, en remplaçant la purée de pommes de terre par une purée de patates douces.

Galettes de pomme de terre grillées et beurrées
Suivez la recette de base. Juste avant de servir, faites légèrement griller les galettes sous le gril ou au grille-pain et servez-les beurrées.

Mini-galettes de pomme de terre
Suivez la recette de base, mais au lieu d'étaler un grand disque de pâte, façonnez des boulettes de la taille de balles de golf avec la préparation et aplatissez-les avant de poursuivre comme indiqué.

Galettes de pomme de terre au parmesan
Suivez la recette de base, en ajoutant 50 g de parmesan finement râpé à la préparation.

Biscotti au babyccino

Recette de base p. 111

Biscotti à l'orange
Suivez la recette de base, en ajoutant le zeste finement râpé de 2 oranges aux ingrédients secs.

Biscotti orange-chocolat
Suivez la recette de base, en ajoutant le zeste finement râpé de 2 oranges et 100 g de pépites de chocolat noir aux ingrédients secs.

Biscotti cannelle-raisins secs
Suivez la recette de base, en ajoutant 100 g de raisins secs et ½ c. à c. supplémentaire de cannelle en poudre aux ingrédients secs.

Biscotti abricot-orange
Suivez la recette de base, en ajoutant le zeste finement râpé de 2 oranges et 3 ou 4 abricots secs finement hachés aux ingrédients secs.

Variantes

Crêpes pour bébé

Recette de base p. 112

Crêpes pomme-cannelle
Suivez la recette de base, en ajoutant 1 c. à s. de compote de pommes
(voir p. 30) et 1 pincée de cannelle en poudre sur la crêpe avant de servir.

Crêpes à la compote pomme-abricot
Suivez la recette de base. Faites mijoter 2 abricots secs hachés et 5 cl
de jus de pomme 5 min dans une casserole. Quand les abricots sont tendres,
écrasez-les puis répartissez-les sur le dessus des crêpes.

Crêpes à la purée de bananes
Suivez la recette de base, en étalant ¼ de banane écrasée sur chaque crêpe
avant de servir.

Crêpes aux bananes et à la crème fouettée
Suivez la recette de base. Déposez quelques fines rondelles de banane
et 1 c. à s. de crème fouettée sur chacune des crêpes. Repliez-les et coupez-
les en lanières.

Crêpes à la farine complète
Suivez la recette de base en remplaçant la farine blanche par de la farine
complète.

Variantes

Pommes de terre au fromage

Recette de base p. 115

Pommes de terre au fromage et au saumon
Suivez la recette de base, en ajoutant ½ filet de saumon cuit (veillez
à bien retirer la peau et toutes les arêtes) à la purée.

Pommes de terre au fromage et au poulet
Suivez la recette de base, en ajoutant ½ blanc de poulet cuit haché
à la purée.

Pommes de terre au fromage et au poireau
Suivez la recette de base, en ajoutant ½ poireau (cuit 8 à 10 min
à la vapeur, jusqu'à ce qu'il soit tendre) et haché à la purée.

Pommes de terre orange au fromage
Suivez la recette de base, en ajoutant 1 petite carotte cuite à la purée,
en même temps que le fromage.

Pommes de terre au fromage et au brocoli
Suivez la recette de base, en ajoutant en même temps que le fromage
4 ou 5 fleurettes de brocoli cuites 5 à 6 min à la vapeur (jusqu'à ce qu'elles
soient tendres), de façon à obtenir une purée constellée de points verts.

Variantes

Quartiers de pomme de terre au four

Recette de base p. 116

Quartiers de patate douce au four
Suivez la recette de base, en remplaçant les pommes de terre par des patates douces et en réduisant de 5 min le temps de cuisson.

Rondelles de carotte au four
Suivez la recette de base, en remplaçant les pommes de terre par de grosses carottes pelées et coupées en rondelles.

Rondelles de panais au four
Suivez la recette de base, en remplaçant les pommes de terre par des panais pelés et coupés en rondelles.

Lamelles de betterave rouge au four
Suivez la recette de base, en remplaçant les pommes de terre par des betteraves rouges pelées et coupées en lamelles.

Rondelles d'aubergine au four
Suivez la recette de base, en remplaçant les pommes de terre par de l'aubergine pelée et coupée en rondelles, et en réduisant de 5 min le temps de cuisson.

Variantes

Dhal

Recette de base p. 119

Dhal à la patate douce
Suivez la recette de base, en ajoutant 1 patate douce lavée, pelée et hachée
en même temps que le bouillon.

Dhal à la carotte et à la coriandre
Suivez la recette de base, en ajoutant 1 carotte lavée, pelée et hachée
en même temps que le bouillon. Incorporez également 1 c. à c. de coriandre
fraîche finement hachée juste avant la fin de la cuisson.

Dhal au poulet
Suivez la recette de base, en ajoutant 1 blanc de poulet (sans la peau)
haché en même temps que les épices.

Dhal à la dinde et à la carotte
Suivez la recette de base, en ajoutant 50 g de dinde hachée en même temps
que les épices, puis 1 carotte lavée, pelée et hachée au moment de verser
le bouillon.

Dhal au cabillaud (ou autre poisson blanc)
Suivez la recette de base, en ajoutant 1 filet de poisson blanc (sans la peau
ni les arêtes) haché en même temps que le bouillon.

Variantes

Mon premier plat de poisson

Recette de base p. 121

Petit plat de poisson aux petits pois
Suivez la recette de base, en supprimant les carottes et en ajoutant aux
pommes de terre 1 c. à s. de petits pois frais ou surgelés 5 min avant la fin
de la cuisson. Mixez les petits pois avec les pommes de terre.

Petit plat de poisson aux brocolis
Suivez la recette de base, en ajoutant 4 fleurettes de brocoli : déposez-les
par-dessus les pommes de terre et les carottes et faites-les cuire 10 min
à la vapeur, jusqu'à ce qu'elles soient tendres.

Petit plat de poisson à la betterave rouge
Suivez la recette de base, en remplaçant la carotte par 1 betterave rouge
lavée, pelée et hachée.

Petit plat de poisson blanc et saumon
Suivez la recette de base, en ajoutant au poisson blanc ½ filet de saumon
dont vous aurez retiré les arêtes.

Petit plat de poisson à la patate douce
Suivez la recette de base, en remplaçant les pommes de terre par 2 grosses
patates douces.

Variantes

Croquettes de poisson

Recette de base p. 122

Croquettes de poisson à la patate douce
Suivez la recette de base, en remplaçant les pommes de terre par 2 grosses patates douces.

Croquettes de poisson aux petits pois
Suivez la recette de base. Faites cuire 2 c. à s. de petits pois à la vapeur. Lorsqu'ils sont cuits, écrasez-les avec un peu de crème fraîche et incorporez-les dans la purée de pommes de terre.

Croquettes de poisson aux carottes
Suivez la recette de base, en remplaçant une des pommes de terre par 2 grosses carottes pelées et hachées.

Croquettes de saumon
Suivez la recette de base, en ajoutant ½ filet de saumon désarêté au poisson blanc.

Croquettes de thon
Suivez la recette de base, en ajoutant 60 g de thon au naturel bien égoutté.

Variantes

Nuggets de poulet

Recette de base p. 124

Nuggets de poulet aux herbes
Suivez la recette de base, en ajoutant au mélange de blanc d'œuf et de
farine 1 c. à c. d'estragon séché (ou d'autres herbes de votre choix).

Nuggets de poulet au fromage
Suivez la recette de base, en ajoutant au mélange de blanc d'œuf et de
farine 1 c. à s. de parmesan ou d'emmental râpé.

Nuggets de poulet à la chapelure
Suivez la recette de base, en remplaçant le blanc d'œuf et la farine de maïs
par un œuf entier, bien battu. Après avoir trempé les nuggets dans l'œuf,
enrobez-les de chapelure avant de les faire cuire.

Nuggets de poulet à la semoule de maïs
Suivez la recette de base, en remplaçant le blanc d'œuf et la farine de maïs
par 1 œuf entier battu. Après avoir trempé les nuggets dans l'œuf, roulez-les
de semoule de maïs avant de les faire cuire.

Variantes

Bœuf Stroganoff

Recette de base p. 125

Poulet Stroganoff
Suivez la recette de base, en remplaçant le bœuf par 1 blanc de poulet.

Bœuf Stroganoff à la crème
Suivez la recette de base, en remplaçant le fromage blanc par de la crème fraîche liquide, pour obtenir un plat plus riche.

Bœuf Stroganoff aux champignons
Suivez la recette de base, en ajoutant 100 g de champignons émincés au bœuf.

Bœuf Stroganoff à la purée
Suivez la recette de base, en remplaçant le riz par une purée de pommes de terre.

Bœuf Stroganoff aux pâtes
Suivez la recette de base, en remplaçant le riz par des pâtes comme des tagliatelles.

Lentilles Stroganoff
Suivez la recette de base, en remplaçant le bœuf par 200 g de lentilles corail que vous ferez cuire 20 min à l'eau bouillante (jusqu'à ce qu'elles soient tendres).

Variantes

Chili con carne

Recette de base p. 126

Chili con carne à l'agneau
Suivez la recette de base, en remplaçant le bœuf par de l'agneau.

Chili con carne à la dinde
Suivez la recette de base, en remplaçant le bœuf par de la dinde.

Chili aux légumes
Suivez la recette de base, en remplaçant le bouillon de bœuf par du
bouillon de légumes, et le bœuf par 225 g de champignons, 1 courgette,
et 1 aubergine hachés.

Chili aux haricots et aux pois chiches
Suivez la recette de base, en remplaçant le bœuf par 450 g d'un mélange
de pois chiches en conserve et de haricots blancs en bocal.

Chili con carne et pain à l'ail et au fromage (plus de 12 mois)
Suivez la recette de base. Coupez de fines tranches de pain, étalez un peu
d'huile d'olive au pinceau et frottez avec une gousse d'ail pelée. Parsemez
de ½ c. à s. de mozzarella râpée et faites fondre le fromage sous le gril.
Servez le chili sur le pain grillé ou bien avec le pain à part.

Variantes

Pain de viande

Recette de base p. 129

Pain de dinde
Suivez la recette de base, en remplaçant le bœuf haché par de la dinde hachée.

Pain de poulet
Suivez la recette de base, en remplaçant le bœuf haché par du poulet haché.

Pain à l'agneau
Suivez la recette de base, en remplaçant le bœuf haché par de l'agneau haché.

Pain aux légumes
Suivez la recette de base, en remplaçant le bœuf haché par 200 g de lentilles corail et en ajoutant 100 g de tomates pelées égouttées. Faites cuire les lentilles dans une casserole avec les tomates et le lait pendant 20 min – les lentilles doivent être tendres. Mélangez avec le reste des ingrédients et enfournez le tout pour 30 à 45 min, jusqu'à ce que le dessus du pain semble sec.

Variantes

Gressins

Recette de base p. 130

Petits pains
Suivez la recette de base, mais divisez la pâte en 6 morceaux, formez
des boules et faites-les cuire de la même façon que les gressins.

Gressins au blé complet
Suivez la recette de base, en remplaçant la moitié de la farine par
de la farine de blé complet.

Gressins aux graines de pavot (plus de 12 mois)
Suivez la recette de base, en roulant les boudins de pâte dans 2 c. à s.
de graines de pavot étalées sur une feuille de papier sulfurisé avant
de les enfourner.

Gressins au parmesan (plus de 12 mois)
Suivez la recette de base, en ajoutant 2 c. à s. de parmesan finement râpé
aux ingrédients secs.

Variantes

Anneaux de pomme séchée

Recette de base p. 132

Anneaux de pomme séchée à la cannelle
Suivez la recette de base, en saupoudrant les pommes de cannelle avant
de les enfourner.

Lamelles de poire séchée
Suivez la recette de base, en remplaçant les pommes par des poires pelées
et émincées. Vous pouvez les saupoudrer d'un peu de gingembre en poudre
avant de les enfourner.

Lamelles de pêche ou de prune séchées
Suivez la recette de base, en remplaçant les pommes par des pêches ou des
prunes pelées et émincées.

Anneaux de pomme séchée à la ricotta
Suivez la recette de base, puis coupez les anneaux séchés en deux et trempez-les
dans 1 c. à s. de ricotta.

Anneaux de pomme aux raisins secs et au yaourt (plus de 12 mois)
Suivez la recette de base, puis faites tremper les anneaux de pomme séchée
dans de l'eau ou du jus de pomme pendant 20 à 30 min. Égouttez-les et servez-
les accompagnés de raisins secs et de yaourt.

Variantes

Glace à la vanille sans œuf

Recette de base p. 134

Glace à la fraise sans œuf (plus de 12 mois)

Suivez la recette de base, en utilisant 25 cl de crème et en remplaçant le lait
et la vanille par 450 g de fraises rincées, équeutées et mixées.

Glace à la myrtille sans œuf

Suivez la recette de base, en utilisant 25 cl de crème et en remplaçant le lait
et la vanille par 450 g de myrtilles rincées et écrasées.

Glace au chocolat sans œuf (plus de 12 mois)

Suivez la recette de base, en supprimant la vanille et en réduisant la quantité
de crème à 15 cl. Faites fondre 150 g de pépites de chocolat dans le lait
et la crème préalablement chauffés. Mélangez, incorporez le sucre et laissez
refroidir avant de faire prendre en glace.

Glace à la banane sans œuf

Suivez la recette de base, en réduisant la quantité de crème à 25 cl. Mixez
2 bananes bien mûres avec le lait, puis ajoutez la crème et le sucre.

Glace marbrée à la framboise sans œuf (plus de 12 mois)

Préparez la recette de base ainsi que celle du sorbet pomme-mangue
(voir p. 84). Mélangez la glace et le sorbet, puis replacez au congélateur.

Variantes

Gelée à la myrtille

Recette de base p. 137

Gelée à l'orange (plus de 12 mois)
Suivez la recette de base, à partir de l'étape 2, en remplaçant les myrtilles
et le jus de citron par 4 oranges (pelez-en une à vif et pressez les autres)
N'utilisez que 15 cl d'eau et ajoutez 20 cl de jus d'orange fraîchement pressé.
Versez dans des coupelles où vous aurez disposé les quartiers de l'orange
pelée.

Gelée à la crème de myrtille
Suivez la recette de base, en n'utilisant que 70 cl d'eau et en ajoutant 20 cl
de crème fraîche liquide une fois la gélatine incorporée.

Gelée à la fraise et aux fruits d'été (plus de 12 mois)
Suivez la recette de base, en remplaçant les myrtilles par des fraises
fraîches ou décongelées, et en ajoutant une poignée de fruits rouges frais
dans les coupelles.

Gelée aux fruits rouges (plus de 12 mois)
Suivez la recette de base, en remplaçant les myrtilles par la même quantité
de fruits rouges frais ou décongelés : mûres, fraises, framboises...

Variantes

Esquimaux aux fruits

Recette de base p. 138

Esquimaux aux fruits et à la vanille
Suivez la recette de base, en remplaçant le yaourt nature par du yaourt
à la vanille.

Esquimaux à la myrtille
Suivez la recette de base, en remplaçant la mangue par 400 g de myrtilles
fraîches ou décongelées, soigneusement écrasées.

Esquimaux aux fruits exotiques
Suivez la recette de base, en ajoutant la chair de 1 petit ananas mûr et
de 1 fruit de la Passion hachée. Ajoutez 2 c. à s. de yaourt supplémentaires.
(Vous obtiendrez 10 à 12 esquimaux.)

Esquimaux à la fraise (plus de 12 mois)
Suivez la recette de base, en remplaçant la mangue par 200 g de fraises
bien mûres écrasées.

Esquimaux mangue-framboise (plus de 12 mois)
Suivez la recette de base, en ajoutant à la mangue 200 g de framboises
écrasées.

Variantes

Crumble aux pommes

Recette de base p. 140

Crumble pomme-poire
Suivez la recette de base, en remplaçant la moitié des pommes par des poires
pelées et coupées en petits morceaux.

Crumble pomme-rhubarbe
Suivez la recette de base, en remplaçant la moitié des pommes par 225 g
de rhubarbe coupée en petits morceaux.

Crumble pomme-abricot
Suivez la recette de base, en remplaçant la moitié des pommes par 6 abricots
frais dénoyautés et hachés.

Crumble pomme-myrtille
Suivez la recette de base, en remplaçant la moitié des pommes par 400 g
de myrtilles fraîches ou décongelées.

Crumble pomme-pêche
Suivez la recette de base, en remplaçant la moitié des pommes par 3 pêches
pelées, dénoyautées et coupées en petits morceaux.

12 mois et plus

Le temps est maintenant venu de laisser votre

bambin participer à la préparation des repas. Dès

qu'il est capable de rester debout sans aide et de

tenir une cuillère, il peut vous aider ! Les petits

adorent mélanger : confiez-lui un saladier pour

qu'il vous imite. C'est aussi l'occasion de lui faire

découvrir un savoir-faire qu'il gardera à vie :

cuisiner !

Muffins du matin

Pour 12 muffins ou 24 minimuffins

La farine de blé complet utilisée ici contient davantage de fibres que la farine classique, ce qui permettra à votre enfant de se sentir rassasié plus longtemps et limitera les fringales.

150 g de farine de blé complet
75 g de farine blanche
2 c. à c. de levure chimique
1 c. à c. de cannelle moulue
1 c. à c. de gingembre en poudre
175 g de cassonade

3 carottes pelées et râpées
1 pomme pelée, épépinée et râpée
1 œuf
20 cl de lait
15 cl d'huile de tournesol

Préchauffez le four à 175 °C (th. 5/6). Beurrez des moules à muffins normaux ou miniatures – ou garnissez-les de caissettes en papier. Mélangez la farine, la levure, les épices et la cassonade. Incorporez les carottes et la pomme râpées.

Dans un autre saladier, battez l'œuf, versez le lait et l'huile et fouettez. Versez cette préparation sur les ingrédients secs. Mélangez bien, mais sans vous préoccuper des grumeaux, qui disparaîtront à la cuisson. Remplissez les moules. Faites cuire les muffins 15 à 20 min (10 à 15 min si vous avez utilisé des minimoules). Sortez-les du four lorsqu'ils sont dorés et fermes au toucher, et qu'une pique insérée au centre en ressort propre. Démoulez-les froids.

Les muffins se conservent 3 jours dans une boîte hermétique, et 1 mois si vous les congelez immédiatement.

Voir variantes p. 239

Muesli

Pour 2 à 4 portions

Confectionnez ce petit déjeuner d'origine suisse pour toute la famille. Cette recette correspond à une part pour adulte. Vous pouvez la réaliser pour un bébé de 6 à 9 mois, mais il sera alors nécessaire de mixer les ingrédients.

2 c. à s. de flocons d'avoine
Un peu de jus de pomme

1 pomme
1 c. à s. de yaourt nature au lait entier

Faites tremper les flocons d'avoine dans un peu de jus de pomme : ne versez que ce qu'il faut pour les réhydrater. Laissez-les s'imbiber toute une nuit.

Lavez, pelez, épépinez et râpez la pomme. Incorporez-la aux flocons d'avoine, puis ajoutez le yaourt. Mixez si besoin.

Ce muesli se conserve 3 jours au réfrigérateur.

Voir variantes p. 240

Carrés aux céréales

Pour 12 à 16 carrés

Ces carrés sains et gourmands sont composés de fruits secs, de fruits séchés
et de graines. Ne les proposez pas à votre bébé qu'à partir de 12 mois, le sirop
d'érable étant déconseillé avant cet âge.

6 c. à s. de beurre + un peu pour le moule
3 c. à s. de sirop d'érable
3 c. à s. de confiture (poire, abricot...)
100 g de cassonade
275 g de flocons d'avoine

2 c. à s. de noix de pécan
50 g de raisins secs blonds
4 c. à s. de mélange de graines :
   tournesol, citrouille, lin, sésame...
2 c. à s. d'amandes en poudre

Préchauffez le four à 175 °C (th. 5/6). Beurrez un moule carré de 20 cm de côté puis
tapissez-le de papier sulfurisé. Faites fondre le beurre, le sirop d'érable, la confiture et la
cassonade dans une casserole, sur feu moyen. Mélangez bien. Portez à ébullition et laissez
cuire 2 min, jusqu'à obtention d'une consistance épaisse et collante.

Mettez les ingrédients restants dans un saladier. Ajoutez la préparation et mélangez bien.
Versez l'ensemble dans le moule, aplatissez avec une cuillère en bois et enfournez pour 15 à
20 min, jusqu'à ce que le dessus soit doré. Une fois refroidi, découpez le gâteau en carrés.

Ces parts se conservent 3 à 4 jours dans une boîte hermétique, et 1 mois si vous les congelez
immédiatement.

Voir variantes p. 241

Roulés au fromage frais

Pour 1 portion

Bien que leur préparation demande un peu de doigté, ces petits roulés seront accueillis par des cris de joie : un effort qui en vaut la peine !

1 tranche de pain de mie   **Fromage frais**

Retirez la croûte du pain de mie. Étalez une fine couche de fromage frais sur l'une des faces. Enroulez le pain assez serré pour former un petit rouleau et maintenez-le fermé avec un cure-dent.

À l'aide d'un couteau aiguisé, coupez le rouleau en tranches de 1 cm d'épaisseur. Posez-les sur le côté, vous verrez ainsi la spirale formée par le fromage. Ôtez le cure-dents. Servez immédiatement ou emballez ces roulés dans deux épaisseurs de film alimentaire et placez-les au réfrigérateur. Consommez-les dans les 24 h, avant qu'ils sèchent.

Voir variantes p. 242

Dip aux haricots et chips de maïs

Pour 4 à 5 portions de dip pour une crêpe de maïs

Les haricots blancs sont une bonne source de protéines, de fibres et de magnésium.
Vous pouvez les proposer seuls, à picorer avec les doigts, ou bien écrasés, comme
dans cette recette. Réalisées avec des crêpes de maïs, les chips sont beaucoup moins
grasses et moins salées que celle que l'on trouve dans le commerce.

200 g de haricots blancs en conserve, égouttés
et rincés (ou 200 g de haricots blancs
surgelés cuits)
1 c. à s. d'huile d'olive
1 gousse d'ail pelée et pressée

1 c. à s. de yaourt nature au lait entier
1 pincée de cumin en poudre
1 c. à s. de persil plat rincé et haché
1 crêpe de maïs, à la farine blanche
ou complète

Préparez le dip : mettez tous les ingrédients dans un robot et mixez. Ajoutez un peu
de yaourt ou d'huile d'olive afin d'obtenir une purée bien lisse. Ce dip se conserve 3 jours
au réfrigérateur.

Confectionnez les chips de maïs : faites cuire la crêpe 3 à 4 min sur chaque face, jusqu'à ce
qu'elle soit bien dorée et croustillante. Cassez-la en morceaux, laissez-les refroidir quelques
minutes. Servez ces chips seules ou trempées dans le dip.

Voir variantes p. 243

Dip au sésame

Pour 4 portions

Composée de graines de sésame pilées, la tahina – l'un des ingrédients clés du houmous – ne convient pas aux personnes allergiques au sésame. Elle est particulièrement savoureuse avec une pomme de terre ou des rondelles d'aubergine ou de courgette au four (voir p. 116 et p. 146).

1 c. à s. de tahina (crème de sésame)

Mélangez la tahina avec 3 à 4 c. à s. d'eau – si la préparation vous semble un peu épaisse, ajoutez-en davantage.

Ce dip se conserve 3 à 4 jours au réfrigérateur.

Voir variantes p. 244

Guacamole spécial bébé

Pour 4 portions

Cette sauce très facile à réaliser se compose d'avocat frais. Mixez-la bien pour les plus petits. Si vous préparez ce guacamole à l'avance, couvrez rapidement le bol d'une double épaisseur de film alimentaire, afin qu'il ne noircisse pas trop vite. Comme il contient du jus de citron, il n'est pas adapté aux enfants de moins de 12 mois. Pour les adultes, vous pouvez le relever avec une pointe de piment en poudre ou de paprika.

1 avocat bien mûr   **Le jus de ½ citron**

Coupez l'avocat en deux, ôtez le noyau et prélevez la chair à la cuillère. Écrasez-la ou mixez-la avec le jus de citron et servez ce guacamole accompagné de gressins (voir p. 130), de chips de maïs (voir p. 169) ou de bâtonnets de légumes : carotte, concombre...

Ce guacamole se conserve 24 h au réfrigérateur. Au bout d'un certain temps, il va s'oxyder au contact de l'air et noircir. Cela n'en affectera pas le goût : contentez-vous d'ôter la couche de surface.

Voir variantes p. 245

Houmous

Pour 50 cl

Originaire du Moyen-Orient, le houmous est une sauce à base de pois chiches réduits en purée. Si vous préférez utiliser des pois chiches secs plutôt qu'en conserve, suivez précisément les instructions figurant sur l'emballage, car ils s'avèrent toxiques s'ils sont insuffisamment cuits. Servez le houmous avec des bâtonnets de légumes, des lanières de pain pita, des chips de maïs (p. 169) ou des gressins (p. 130).

400 g de pois chiches en conserve égouttés et rincés
1 c. à s. d'huile d'olive
1 gousse d'ail pelée et pressée

3 c. à s. de yaourt nature au lait entier
1 c. à s. de tahina (facultative : omettez-la en cas d'allergie au sésame ou avant 12 mois)

Mettez tous les ingrédients dans un robot. Mixez jusqu'à obtention d'une préparation lisse, en ajoutant si besoin un peu de yaourt ou d'huile d'olive afin que la purée soit bien homogène.

Couvert, le houmous se conserve 3 jours au réfrigérateur.

Voir variantes p. 246

Terrine de maquereau

Pour 2 portions

Avec des filets de maquereau fumé tout prêts, cette terrine est facile et rapide à confectionner. Veillez à bien retirer la peau et toutes les arêtes. Le maquereau étant susceptible de contenir du mercure, ne proposez cette terrine – de même que tout plat contenant du poisson gras – qu'occasionnellement, et toujours à des petits de plus de 12 mois. Les poissons gras contiennent malgré tout de nombreux nutriments très utiles à votre enfant, c'est pourquoi il est bon qu'il s'y habitue. Pour des adultes, comptez 1 filet de poisson par personne.

1 filet de maquereau sans arêtes
40 g de fromage frais
1 c. à c. de ciboulette fraîche finement ciselée

1 pincée de poivre de Cayenne
Le zeste râpé et le jus de ¼ de citron

Émiettez le maquereau, ajoutez le reste des ingrédients et mixez. Couvrez et placez au frais.

Cette terrine se conserve 3 jours au réfrigérateur.

Voir variantes p. 247

Galettes d'avoine

Pour 12 galettes

Ces biscuits gourmands non sucrés sont bien adaptés aux petits doigts des bébés,
qui les grignoteront pour apaiser leurs gencives, lorsque pointent de nouvelles dents,
ou les dégusteront trempés dans une sauce

350 g de flocons d'avoine   2 c. à s. de beurre
¼ de c. à c. de bicarbonate de soude

Préchauffez le four à 175 °C (th. 5/6). Mixez les flocons d'avoine 30 à 60 s, jusqu'à obtention
d'une farine grossière. Mélangez-la avec le bicarbonate de soude.

Mettez le beurre dans une casserole avec 25 cl d'eau. Faites fondre doucement à feu doux.
Versez de ce liquide dans l'avoine – vous devez obtenir une pâte ferme.

Placez la pâte sur un morceau de papier sulfurisé. Étalez-la sur 3 mm d'épaisseur environ.
Découpez-y des disques à l'emporte-pièce et disposez ces galettes sur une plaque de cuisson
tapissée de papier sulfurisé. Enfournez pour 12 à 15 min.

Sortez la plaque du four et transférez les galettes sur une grille. Quand elles ont bien refroidi,
vous pouvez les ranger dans une boîte hermétique où elles se conserveront 1 semaine.

Voir variantes p. 248

Soupe de tomate et poivron rouge

Pour 12 à 16 portions

Bébé appréciera cette soupe, que vous servirez chaude ou froide. Elle peut aussi garnir une pizza (voir p. 211) ou agrémenter des pâtes. Pour une famille de 4 ou 5 personnes, triplez ou quadruplez les quantités.

2 poivrons rouges	Huile d'olive
8 tomates	1,2 litre de bouillon de légumes peu salé
2 oignons rouges	

Préchauffez le four à 220 °C (th. 7/8). Rincez les poivrons rouges, coupez-les en deux et ôtez les pépins. Divisez chaque moitié en 3 lanières. Lavez les tomates et coupez-les en deux. Pelez les oignons et coupez-les en six. Disposez le poivron, la tomate et l'oignon sur une plaque de cuisson huilée et arrosez d'un filet d'huile d'olive.

Enfournez pour 30 à 35 min, jusqu'à ce que le poivron ait légèrement bruni sur les bords. Enfermez-le 5 min dans un sachet de congélation : la vapeur décollera la peau.

Pendant ce temps, pelez les tomates et mettez-les dans une casserole avec les oignons, le bouillon et les poivrons pelés. Portez à ébullition. Couvrez et laissez mijoter 30 min. Mixez.

Cette soupe se conserve 3 mois au congélateur.

Voir variantes p. 249

Minestrone

Pour 12 à 16 portions

Cette bonne soupe généreuse est particulièrement appréciée par temps froid. Vous pouvez y mettre n'importe quelle sorte de petites pâtes, et y tremper des bâtonnets de pain frais ou grillé à manger avec les doigts. Pour une famille de 4 ou 5 personnes, triplez ou quadruplez les quantités.

2 oignons
2 poivrons rouges
Un peu d'huile d'olive
1 courgette
2 carottes pelées

70 cl de bouillon de légumes ou de volaille peu salé
400 g de tomates pelées en conserve
75 g de toutes petites pâtes ou de spaghettis cassés en petits morceaux

Rincez, pelez et hachez les oignons et les poivrons. Faites chauffer l'huile dans une poêle et laissez-les revenir 6 à 7 min à feu doux, jusqu'à ce qu'ils soient tendres. Transférez-les dans une casserole.

Lavez et râpez la courgette et les carottes, ajoutez-les dans la casserole. Versez le bouillon et les tomates en conserve, avec leur jus. Portez à ébullition. Couvrez et laissez mijoter 20 min. Ajoutez les pâtes et prolongez la cuisson 10 min, jusqu'à ce qu'elles soient cuites.

Cette soupe se conserve 3 mois au congélateur.

Voir variantes p. 250

Soupe épaisse de poisson

Pour 6 à 8 portions

Saine et nourrissante, cette délicieuse recette sera appréciée de bébé comme du reste de la famille. Pour une famille de 4 ou 5 personnes, doublez les quantités.

2 filets de poisson blanc (cabillaud, églefin, carrelet...) sans peau ni arêtes
2 pommes de terre moyennes
2 carottes

2 petits oignons
2 c. à c. de beurre
2 c. à s. de farine
90 cl de lait

Coupez le poisson en petits morceaux et vérifiez qu'il ne reste aucune arête. Lavez les pommes de terre, les carottes et les oignons, pelez-les et coupez-les en petits morceaux. Vous pouvez aussi les râper, pour que la soupe soit plus onctueuse.

Faites revenir les légumes 5 min dans le beurre, à feu doux. Incorporez la farine, qui doit bien enrober les légumes. Versez la moitié du lait, progressivement, en mélangeant bien. Portez à ébullition et laissez mijoter 20 à 30 min, jusqu'à ce que les pommes de terre soient cuites.

Versez le reste de lait et ajoutez les morceaux de poisson. Poursuivez la cuisson 10 min, jusqu'à ce que le poisson soit bien cuit. Écrasez ce dernier à la fourchette et servez.

Cette soupe se conserve 3 mois au congélateur.

Voir variantes p. 251

Pesto de petits pois

Pour 4 portions pour enfant ou 2 portions pour adulte

Pour composer un plat fabuleux, faites cuire des pâtes (sèches ou fraîches) et incorporez-y cette sauce onctueuse. Proposez un bol de pâtes nature à votre enfant et donnez-lui une cuillerée de sauce, qu'il mélangera lui-même. Pour bébé, préférez de toutes petites pâtes, et assurez-vous que la sauce soit bien mixée.

275 g de petits pois surgelés cuits   25 g de menthe fraîche
5 cl de crème fraîche   Parmesan finement râpé

Mettez tous les ingrédients dans le robot et mixez. Incorporez cette sauce à des pâtes chaudes et saupoudrez d'un peu de parmesan.

Vous pouvez conserver cette sauce 3 jours au réfrigérateur, mais ne la congelez pas, à cause de la crème fraîche.

Voir variantes p. 252

Gratin d'aubergines

Pour 8 portions pour enfant ou 4 portions pour adulte

Ce plat traditionnel originaire d'Italie, où l'aubergine, imprégnée des saveurs de la tomate et du basilic, est associée au fromage fondu, fera l'unanimité.

3 petites aubergines	20 cl de sauce tomate (voir p. 69)
3 c. à s. d'huile d'olive	3 c. à s. de feuilles de basilic frais ciselées
250 g de mozzarella effilochée	6 c. à s. bombées de parmesan râpé

Préchauffez le four à 190 °C (th. 6/7). Coupez l'aubergine en rondelles de 1 cm d'épaisseur. Faites dorer l'aubergine dans l'huile d'olive, sur chaque face. Égouttez-la sur du papier absorbant.

Étalez la moitié des rondelles d'aubergine au fond d'un petit plat à gratin, puis disposez en couches la moitié des autres ingrédients restants : mozzarella, sauce tomate, basilic et parmesan. Répétez l'opération en terminant par le parmesan. Enfournez pour 20 à 30 min, jusqu'à ce que le fromage soit légèrement doré et que des bulles se forment sur le dessus. Servez avec des légumes verts ou de la salade.

Ce gratin se conserve 2 jours au réfrigérateur et 1 mois au congélateur.

Voir variantes p. 253

Curry de légumes à la crème

Pour 4 portions pour enfant ou 2 portions pour adulte

Ce plat, également appelé *korma*, fera découvrir la délicieuse saveur des épices à bébé. Nous en avons toutefois exclu les amandes en poudre, à cause du risque d'allergie.

1 c. à s. d'huile de tournesol
1 tronçon de 1 cm de racine de gingembre
   pelé et finement haché
1 gousse d'ail pelée et finement hachée
½ petit oignon pelé et finement haché
½ c. à c. de cumin et ½ c. à c. de coriandre
   en poudre
1 pincée de curcuma en poudre
1 petite pomme de terre pelée et hachée

1 carotte pelée et hachée
1 c. à c. de concentré de tomate
10 cl de bouillon de légumes peu salé
2 c. à s. de petits pois surgelés
6 à 8 fleurettes de brocoli
10 cl de crème fraîche liquide
1 c. à s. de coriandre fraîche finement hachée
200 g de riz

Faites chauffer l'huile dans une sauteuse antiadhésive. Mixez le gingembre, l'ail et l'oignon avec 1 c. à s. d'eau si la purée est trop épaisse. Versez-la dans la poêle et faites cuire 5 min à feu moyen. Incorporez les épices. Après 2 à 3 min, ajoutez la pomme de terre, la carotte, le concentré de tomate et le bouillon. Couvrez et laissez mijoter 15 à 20 min.

Ajoutez les petits pois et le brocoli ; poursuivez la cuisson 5 min. Incorporez la crème et la coriandre fraîche et laissez cuire 3 à 4 min. Servez avec du riz cuit à l'eau.

Ce plat se conserve 3 jours au réfrigérateur et 1 mois au congélateur.

Voir variantes p. 254

Macaronis au fromage

Pour 4 à 6 portions pour enfant ou 1 à 2 portions pour adulte

Ce plat typique de l'enfance fait fondre les petits comme les grands. Les macaronis sont faciles à attraper avec les doigts pour les tout-petits, ou à piquer avec la fourchette pour les plus grands.

100 g de macaronis
2 c. à s. de beurre
2 c. à s. de farine

20 cl de lait
40 g d'emmental râpé
2 c. à s. de parmesan finement râpé

Faites cuire les macaronis 10 à 15 min *(al dente)* dans l'eau bouillante. Pendant ce temps, préparez la sauce au fromage : faites fondre le beurre dans une casserole et versez-y la farine, sans cesser de remuer. Mélangez 1 à 2 min pour obtenir un roux lisse. Puis versez le lait peu à peu, tout en remuant, jusqu'à obtention d'une sauce lisse. Mélangez toujours et portez doucement à ébullition afin d'épaissir la sauce. Juste au moment où elle bout, retirez la casserole du feu et incorporez l'emmental râpé.

Égouttez les pâtes, remettez-les dans la casserole, versez la sauce au fromage et mélangez. Transférez-les dans un plat à gratin, saupoudrez de parmesan et faites dorer sous le gril du four. Servez chaud. Écrasez ou mixez pour les bébés de moins de 12 mois.

Ce plat se conserve 2 jours au réfrigérateur et 1 mois au congélateur.

Voir variantes p. 255

Haricots à la tomate

Pour 8 portions pour enfant ou 4 portions pour adulte

Les haricots à la tomate du commerce se caractérisent souvent par une teneur élevée en sel et en sucre. Cette version maison en contient moins. Délicieuse et simple à préparer, elle peut être réalisée avec différentes sortes de haricots ou un mélange de plusieurs variétés. Les haricots blancs, assez gros, se mangent facilement avec les doigts, mais écrasez-les un peu pour les plus petits, afin d'écarter tout risque d'étouffement. Ne salez pas : cela ferait durcir les haricots.

1 c. à s. d'huile de tournesol
1 oignon
225 g de haricots secs en conserve,
    égouttés et rincés
1 c. à c. de moutarde en poudre
1 c. à c. de mélasse

240 g de tomates pelées en conserve
1 c. à s. de concentré de tomate
1 c. à c. de cassonade
20 cl de bouillon de légumes
    peu salé

Préchauffez le four à 140 °C (th. 4/5). Faites chauffer l'huile dans un plat allant au four muni d'un couvercle. Pelez et hachez finement l'oignon, faites-le revenir 10 à 15 min à feu doux, jusqu'à ce qu'il soit translucide. Ajoutez le reste des ingrédients, mélangez bien et portez à ébullition. Retirez du feu, couvrez et enfournez pour 4 h, en remuant de temps à autre.

Ces haricots se conservent 3 jours au réfrigérateur et 1 mois au congélateur.

Voir variantes p. 256

Gratin de chou-fleur

Pour 4 à 6 portions pour enfant ou 2 à 3 portions pour adulte

Napper les légumes d'une sauce au fromage est un bon moyen d'inciter les enfants à en manger. Pour les adultes, relevez la recette en ajoutant un peu de sauce pimentée à la sauce au fromage, ou saupoudrez le plat de parmesan avant de le passer sous le gril.

Les fleurettes de 1 chou-fleur rincé   **Sauce au fromage (p. 191)**

Faites cuire le chou-fleur à la vapeur 10 à 15 min, jusqu'à ce qu'il soit tendre. Pendant ce temps, préparez la sauce au fromage.

Égouttez le chou-fleur, mettez-le dans un plat à gratin et versez la sauce par-dessus. Faites dorer quelques minutes sous le gril et servez chaud. Écrasez ou mixez pour les plus petits.

Ce plat se conserve 3 jours au réfrigérateur et 1 mois au congélateur.

Voir variantes p. 257

Gratin de poisson

Pour 6 à 8 portions pour enfant ou 2 à 3 portions pour adulte

Ce poisson agrémenté d'une onctueuse sauce au fromage et garni d'une purée
de pommes de terre est un plat familial riche en vitamines et en minéraux.

450 g de poisson blanc à chair ferme sans la
   peau (cabillaud, églefin, colin, lieu jaune...)
20 cl de lait
1 feuille de laurier
1 pincée d'estragon et de persil séchés
450 g de pommes de terre, pelées et coupées
   en morceaux

2 carottes moyennes pelées et coupées
   en morceaux
1 c. à c. de beurre
Sauce au fromage (p. 191) réalisée avec le lait
   de cuisson du poisson
Fromage râpé à saupoudrer

Préchauffez le four à 175 °C (th. 5/6). Disposez le poisson dans un plat à gratin. Couvrez de
lait (sans le mesurer pour l'instant) et ajoutez le laurier et les herbes. Enfournez pour 30 à
40 min, jusqu'à ce que le poisson soit cuit à cœur. Faites bouillir les pommes de terre et les
carottes 15 à 20 min dans une casserole d'eau, égouttez-les et écrasez-les avec le beurre.
Réservez.

Sortez le poisson du four et versez le lait dans un verre mesureur. Ajoutez-en pour atteindre
20 cl. Émiettez et désarêtez le poisson et remettez-le dans le plat. Préparez la sauce au
fromage avec le lait, versez-la sur le poisson et étalez la purée par-dessus. Aplanissez-la
à la fourchette, parsemez d'un peu de fromage râpé et enfournez pour 30 à 40 min de façon
à réchauffer le plat et à dorer le dessus. Servez chaud.

Ce plat se conserve 2 jours au réfrigérateur et 1 mois au congélateur.

Voir variantes p. 258

Bâtonnets de poisson

Pour 8 à 9 bâtonnets

Les bâtonnets de poisson du commerce sont souvent pleins de conservateurs et autres additifs. Préparez-les vous-même : vous saurez exactement ce qu'ils contiennent et pourrez choisir du poisson de bonne qualité. En les faisant cuire au four plutôt que de les faire frire, vous réduirez également leur teneur en matières grasses.

225 g de poisson blanc à chair ferme (cabillaud, églefin...) sans peau ni arêtes
1 c. à s. de farine

1 œuf battu
275 g de chapelure
1 c. à s. d'huile de tournesol

Découpez le poisson en 8 ou 9 bâtonnets. Mettez la farine, l'œuf et la chapelure dans 3 bols.

Préchauffez le four à 200 °C (th. 6/7). Après avoir trempé les bâtonnets de poisson successivement dans chacun des bols, disposez-les sur une plaque de cuisson légèrement huilée. Enfournez pour 10 à 15 min, en les retournant à mi-cuisson, jusqu'à ce qu'ils soient cuits et bien dorés. Servez-les avec des légumes verts, des quartiers de pomme de terre (voir p. 116) et une sauce tomate maison (voir p. 69) ou du ketchup (voir p. 97).

Ces bâtonnets se conservent 2 jours au réfrigérateur et 1 mois au congélateur.

Voir variantes p. 259

Poulet à la marocaine

Pour 8 portions pour enfant ou 3 à 4 portions pour adulte

Ce plat à base de poulet est délicieux avec de la semoule. Toute la famille pourra s'en régaler ; coupez simplement le poulet en morceaux plus petits pour les enfants.

2 oignons pelés et hachés
1 gousse d'ail pelée et hachée
1 c. à s. de coriandre fraîche hachée
½ c. à c. de coriandre et ½ c. à c. de cumin
   en poudre
1 pincée de curcuma en poudre
Le jus de 2 citrons

1 c. à s. d'huile d'olive
2 blancs de poulet sans la peau
1 c. à s. d'huile de tournesol
1 carotte pelée et hachée
25 cl environ de bouillon de volaille peu salé
3 abricots secs finement hachés
1 c. à c. de miel

Préparez la marinade : dans un mixeur, réduisez en purée 1 oignon, l'ail, les herbes et les épices, la moitié du jus de citron et l'huile d'olive. Coupez le poulet en petits morceaux et placez-le dans ce mélange. Laissez mariner 4 h ou toute une nuit.

Faites dorer le poulet et sa marinade dans l'huile de tournesol, sur feu moyen, sans cesser de remuer. Ajoutez les carottes et le second oignon puis couvrez de bouillon. Incorporez les abricots, le miel et le jus de citron restant. Portez à petite ébullition. Laissez cuire 20 à 30 min à découvert.

Ce plat se conserve 2 jours au réfrigérateur et 1 mois au congélateur.

Voir variantes p. 260

Poulet à l'aigre-douce au riz

Pour 6 à 8 portions pour enfant ou 2 portions pour adulte

Servez cette recette à l'aigre-douce avec un supplément de légumes : elle se marie bien avec des haricots verts, des champignons ou des courgettes.

2 c. à s. d'huile de tournesol
2 blancs de poulet sans la peau, coupés
  en petits morceaux
2 poivrons rouges hachés
2 carottes moyennes hachées
350 g d'ananas en conserve

2 c. à c. de sauce soja
2 c. à s. de concentré de tomate
2 c. à c. de sucre en poudre
2 c. à c. de vinaigre de riz
2 c. à c. de farine de maïs
200 g de riz

Faites revenir le poulet, le poivron et les carottes 5 à 10 min dans une grande poêle huilée, jusqu'à ce que la viande soit cuite et les légumes tendres.

Mixez l'ananas et son jus, la sauce soja, le concentré de tomate, le sucre et le vinaigre de façon à obtenir une purée lisse. Versez-la dans la poêle, ainsi que la farine délayée dans 2 c. à s. d'eau – cela épaissira la sauce. Laissez cuire 5 min. Servez avec le riz cuit à la créole.

Jetez le riz non consommé. Ce plat se conserve 2 jours au réfrigérateur et 1 mois au congélateur.

Voir variantes p. 261

Tourte à l'agneau

Pour 6 à 8 portions pour enfant ou 2 à 3 portions pour adulte

La tourte à l'agneau, ou *shepherd's pie*, est un plat traditionnel de Grande-Bretagne et d'Irlande composé de viande d'agneau et d'une croûte de pommes de terre.

1 c. à s. d'huile de tournesol	20 cl de bouillon d'agneau ou de bœuf peu salé
1 oignon pelé et haché	1 c. à c. de concentré de tomate
1 carotte pelée et hachée	4 c. à s. de petits pois surgelés
175 g d'agneau maigre, haché	450 g de pommes de terre pelées et hachées
1 c. à c. de thym frais, haché	2 c. à s. de beurre
1 pincée de cannelle en poudre	4 c. à s. de cheddar râpé

Faites revenir l'oignon et la carotte 5 min dans une poêle huilée, puis mettez-les dans une grande casserole munie d'un couvercle. Faites revenir l'agneau haché 4 à 5 min dans la poêle, en remuant pour bien l'émietter, puis incorporez-le dans la casserole et placez-la sur feu moyen. Ajoutez le thym, la cannelle, le bouillon, le concentré de tomate et les petits pois. Portez à ébullition. Baissez le feu, couvrez et laissez cuire 30 à 40 min.

Faites cuire les pommes de terre 20 min à l'eau et égouttez-les ; ajoutez le beurre et écrasez-les bien.

Préchauffez le four à 200 °C (th. 6/7). Transférez la préparation à la viande dans un plat à gratin, puis étalez la purée par-dessus, en l'aérant avec une fourchette. Parsemez de fromage et enfournez pour 20 à 25 min, jusqu'à ce que le cheddar soit fondu et la croûte dorée. Servez.

Ce plat se conserve 2 jours au réfrigérateur et 1 mois au congélateur.

Voir variantes p. 262

Lasagnes

Pour 8 à 10 portions pour enfant ou 3 à 4 portions pour adulte

Les adultes dégusteront ce savoureux plat familial accompagné d'une salade verte.

1 c. à s. d'huile de tournesol
1 oignon pelé et finement haché
1 carotte pelée et finement hachée
1 poivron rouge épépiné et finement haché
100 g de champignons finement hachés
450 g de viande de bœuf maigre hachée

400 g de tomates pelées en conserve
1 c. à s. de concentré de tomate
25 cl de bouillon de bœuf peu salé
6 à 8 feuilles de lasagne, fraîches ou sèches
Sauce au fromage (voir p. 191)
50 g de parmesan finement râpé

Faites revenir l'oignon et la carotte 5 min dans une poêle antiadhésive huilée, sur feu moyen, jusqu'à ce qu'ils soient tendres et commencent à dorer. Transférez-les dans une grande casserole. Faites revenir le poivron et les champignons 2 à 3 min dans la même poêle avant de les mélanger à l'oignon à la carotte.

Émiettez le bœuf dans la poêle. Laissez-le cuire 4 à 5 min puis transférez-le dans la casserole de légumes. Placez celle-ci sur feu moyen, ajoutez-y les tomates égouttées et concassées, le concentré de tomate et le bouillon. Mélangez, portez à ébullition. Réduisez à petits bouillons, couvrez et laissez cuire 30 à 40 min. Mixez.

Préchauffez le four à 200 °C (th. 6/7). Nappez le fond d'un plat à gratin d'une partie de la sauce à la viande, puis recouvrez-la de feuilles de lasagne. Alternez les couches de sauce et de pâtes, en terminant par celles-ci. Couvrez de sauce au fromage, parsemez le parmesan et enfournez pour 15 à 20 min, jusqu'à ce que le dessus soit doré.

Voir variantes p. 263

Boulettes de bœuf

Pour 30 à 40 boulettes

Bébé mangera ces boulettes mixées, les plus grands pourront les grignoter avec les doigts. Vous pouvez les proposer seules ou accompagnées de sauce tomate (voir p. 69) ou de la sauce aux légumes du sud grillés (voir p. 70).

900 g de bœuf maigre haché
1 pincée de poivre noir du moulin

3 c. à s. d'huile de tournesol

Préchauffez le four à 175 °C (th. 5/6). Mélangez la viande hachée avec une pincée de poivre et formez des petites boulettes de 2,5 cm de diamètre.

Faites revenir les boulettes sur feu moyen, dans une poêle antiadhésive huilée, jusqu'à ce qu'elles colorent légèrement. Ne les laissez pas dorer : elles seraient alors difficiles à croquer pour les bébés qui n'ont pas encore de dents.

Transférez-les dans un plat à gratin, couvrez-le d'aluminium ménager pour que les boulettes ne dorent pas. Enfournez pour 10 à 15 min. Servez chaud.

Ces boulettes se conservent 2 jours au réfrigérateur et 1 mois au congélateur.

Voir variantes p. 264

Pizzas

Pour 3 à 4 petites pizzas

À partir de la pâte réalisée pour confectionner des gressins (voir p. 130), vous pouvez préparer une pizza ou des calzones. Laissez les enfants, même les tout petits, vous aider. Confiez-leur une boule de pâte à pétrir et à étaler et proposez-leur de choisir leur garniture.

Pour la pâte :
Pâte à gressins (voir p. 130)

Pour la garniture :
Sauce tomate (voir p. 69) : 1/3 de la quantité
    obtenue avec cette recette
Feuilles de basilic frais
125 g de mozzarella râpée

Préparez la pâte à pizza. Lorsqu'elle a levé et doublé de volume, enfoncez-y votre poing pour éliminer les éventuelles bulles d'air et divisez-la en 3 ou 4 boules.

Préchauffez le four à 220 °C (th. 7/8). Avec un rouleau à pâtisserie, étalez chaque boule pour former un disque sur lequel vous disposerez la sauce tomate. Répartissez les feuilles de basilic hachées et la mozzarella. Placez les pizzas sur une plaque de cuisson antiadhésive et enfournez pour 15 à 20 min, jusqu'à ce que le fromage ait fondu.

Ces pizzas se conservent 1 mois au congélateur.

Voir variantes p. 265

Miniquiches au fromage

Pour 12 miniquiches

Les bébés raffolent de ces tartelettes, que vous servirez aux plus grands accompagnées d'une salade verte.

Pour la pâte :
225 g de farine + un peu pour saupoudrer
4 c. à s. d'huile d'olive
50 g de beurre + un peu pour les moules

Pour la garniture :
10 cl de lait
1 œuf
50 g de gruyère râpé

Préchauffez le four à 180 °C (th. 6). Beurrez une plaque de 12 minimoules à tartelettes. Creusez un puits dans la farine, ajoutez-y l'huile et le beurre. Mélangez. Versez 1 c. à s. d'eau froide (plus si nécessaire) et pétrissez jusqu'à obtention d'une pâte homogène. Saupoudrez un peu de farine sur un plan de travail propre et placez-y la pâte. Étalez-la au rouleau, sur 5 mm d'épaisseur. Découpez-y 12 disques et répartissez-les dans les moules. Versez des haricots secs sur la pâte et enfournez pour 10 min, jusqu'à ce qu'elle soit légèrement dorée.

Battez l'œuf et le lait, incorporez le gruyère et versez la préparation dans les fonds de tartelette. Enfournez pour 15 à 20 min – la pâte et la garniture doivent être dorées. Sortez les quiches du four et laissez-les refroidir un peu avant de servir.

Ces miniquiches se conservent 3 jours au réfrigérateur et 1 mois au congélateur.

Voir variantes p. 266

Focaccia

Pour 4 pièces

Ce pain plat italien, facile à tenir par de petites mains, est délicieux trempé dans une sauce tomate maison (voir p. 69). La focaccia est meilleure dégustée le jour de sa fabrication.

Pâte à gressins (voir p. 130)   **Huile d'olive**

Confectionnez la pâte à gressins et laissez-la lever. Préchauffez le four à 220 °C (th. 7/8). Lorsque la pâte a doublé de volume, enfoncez-y votre poing pour éliminer les éventuelles bulles d'air et divisez-la en 4 parts égales. Étalez chaque morceau de pâte à l'aide d'un rouleau à pâtisserie afin d'obtenir des formes ovales de 1 cm d'épaisseur environ. Avec vos doigts, faites de petits trous sur le dessus, puis arrosez d'un filet d'huile d'olive.

Disposez les pâtons sur une plaque de cuisson huilée et enfournez pour 15 à 20 min, jusqu'à ce que les focaccias soient dorées. Sortez-les et laissez-les refroidir.

Une fois refroidies, les focaccias se conservent 3 jours dans une boîte hermétique et 1 mois au congélateur.

Voir variantes p. 267

Biscuits au fromage

Pour 4 biscuits

Ces biscuits sont délicieux chauds à la sortie du four, coupés en deux et tartinés de beurre. Froids, vous les emporterez en pique-nique.

150 g de farine avec levure incorporée
25 g de beurre + un peu pour la plaque
50 g de gruyère ou de parmesan râpé

2 c. à s. de lait
1 œuf

Préchauffez le four à 175 °C (th. 5/6). Creusez un puits dans la farine, ajoutez-y le beurre. Incorporez ensuite le fromage, le lait et l'œuf et pétrissez jusqu'à obtention d'une pâte souple. Saupoudrez un peu de farine sur un plan de travail propre et posez-y la pâte. Aplatissez-la délicatement, à la main ou au rouleau à pâtisserie, sur 4 cm d'épaisseur. Découpez des biscuits à l'aide d'un emporte-pièce de 7,5 cm de diamètre, ou coupez 8 triangles avec un couteau. Étalez à nouveau le reste de pâte et recoupez d'autres biscuits.

Beurrez une plaque de cuisson et déposez-y les biscuits. Enfournez-les pour 12 à 15 min, jusqu'à ce qu'ils aient bien levé et soient dorés.

Une fois refroidis, les biscuits se conservent 3 jours dans une boîte hermétique (mais ils sont meilleurs consommés le jour même) et 1 mois au congélateur.

Voir variantes p. 268

Muffins au fromage

Pour 12 muffins ou 24 minimuffins

Demandez aux enfants de vous aider à confectionner ces muffins : le simple fait de mélanger la pâte leur donnera certainement envie de les goûter !

225 g de farine avec levure incorporée
1 c. à c. de levure chimique
100 g de fromage râpé

1 œuf
15 cl de lait
60 g de beurre fondu

Préchauffez le four à 175 °C (th. 5/6). Beurrez des moules à muffins normaux ou miniatures – ou garnissez-les de caissettes en papier.

Mélangez la farine, la levure et le fromage râpé. Battez l'œuf, ajoutez le lait et le beurre fondu. Versez cette préparation sur les ingrédients secs. Mélangez bien, mais sans vous préoccuper des grumeaux, qui disparaîtront à la cuisson. Remplissez les moules. Faites cuire les muffins 15 à 20 min (10 à 15 min si vous avez utilisé des minimoules). Sortez-les du four lorsqu'ils sont fermes au toucher, dorés, et qu'une pique insérée au centre en ressort propre. Démoulez-les froids.

Une fois refroidis, les muffins se conservent 3 jours dans une boîte hermétique (mais ils sont meilleurs consommés le jour même) et 1 mois au congélateur.

Voir variantes p. 269

Petits pains

Pour 8 pains ou 12 petits pains

Dans cette recette de pain rapide et facile à réaliser, la levure est remplacée par du bicarbonate de soude et de la crème de tartre (vous en trouverez en pharmacie sous le nom d'acide tartrique).

425 g de farine + un peu pour saupoudrer
1 c. à c. de bicarbonate de soude
2 c. à c. de crème de tartre (ou d'acide tartrique)

½ c. à c. de sucre
25 g de beurre fondu + un peu pour la plaque
25 cl de lait

Préchauffez le four à 190 °C (th. 6/7). Beurrez une plaque de cuisson. Dans un saladier, mélangez la farine, le bicarbonate de soude, la crème de tartre et le sucre. Creusez un puits au centre et versez-y le beurre fondu et le lait. Pétrissez avec les doigts, jusqu'à obtention d'une pâte souple.

Saupoudrez un peu de farine sur un plan de travail propre et placez-y la pâte. Divisez-la en 8 gros morceaux ou 12 petits, selon la taille des pains que vous souhaitez obtenir. N'égalisez pas la surface, ces petits pains doivent conserver un aspect rustique. Disposez les pâtons sur la plaque de cuisson, en les espaçant bien. Enfournez pour 20 à 30 min, jusqu'à ce qu'ils soient bien dorés.

Ces pains ne se conservent pas très longtemps et sont meilleurs dégustés à la sortie du four. Vous pouvez également les congeler et les consommer sous 1 mois.

Voir variantes p. 270

Palmiers au parmesan

Pour 25 à 30 palmiers

Réalisés avec une pâte feuilletée toute prête, ces palmiers sont faciles à confectionner. Jolis et savoureux, ils plairont aux petits comme aux grands.

1 rouleau de pâte feuilletée   **40 g de parmesan finement râpé**

Préchauffez le four à 220 °C (th. 7/8). Beurrez une ou deux plaques de cuisson. Avec un rouleau à pâtisserie, étalez la pâte pour former un rectangle de 15 x 20 cm environ. Couvrez-le avec les deux tiers du fromage, que vous presserez délicatement dans la pâte. Repliez chaque côté vers le centre de la pâte, afin qu'ils se rejoignent en son milieu. Saupoudrez le reste de fromage, puis enroulez à nouveau chaque côté vers le centre, sans appuyer. Vous obtiendrez ainsi deux rouleaux accolés.

Découpez des lamelles de 5 mm d'épaisseur dans la largeur des rouleaux. Disposez-les à plat sur les plaques, en les espaçant. Enfournez les palmiers pour 8 à 10 min, jusqu'à ce qu'ils soient dorés. Laissez-les refroidir sur une grille.

Une fois refroidis, vous pouvez ranger les palmiers dans une boîte hermétique où ils se conserveront 1 semaine. Il est également possible les congeler crus (consommez-les sous 1 mois) : après les avoir découpés, empilez-les dans une boîte en les intercalant avec du papier sulfurisé, afin qu'ils ne collent pas. Laissez-les bien décongeler avant de les enfourner.

Voir variantes p. 271

Blinis

Pour 12 blinis

Si vous servez ces blinis non salés à un bébé de moins de 12 mois, utilisez du lait maternel ou maternisé au lieu du lait de vache et proposez-les-lui nature.

225 g de farine avec levure incorporée
2 œufs

5 à 6 c. à s. de lait (maternel ou maternisé)
Beurre pour la poêle

Mettez la farine dans un saladier. Creusez un puits au centre et cassez-y les œufs. Battez au fouet. Versez ensuite le lait, cuillerée par cuillerée, et battez de façon à obtenir une consistance homogène semi-liquide.

Faites chauffer 1 c. à c. de beurre dans une poêle placée sur feu moyen. Versez-y plusieurs cuillerées à soupe de pâte bien espacées, de façon à cuire 6 à 7 blinis en même temps. Retournez-les au bout de 3 ou 4 min, quand des bulles se forment en surface – les blinis doivent gonfler légèrement. Prolongez la cuisson 2 ou 3 min. Servez-les avec du beurre, de la confiture, du miel, du jus de citron ou tout simplement nature.

Ces blinis se conservent 3 jours au réfrigérateur et 1 mois au congélateur.

Voir variantes p. 272

Biscuits aux flocons d'avoine

Pour 12 à 16 biscuits

Composés de flocons d'avoine et de raisins secs, ces biscuits sont plus équilibrés que les biscuits classiques. Demandez à votre bambin de vous aidez à les préparer : assurez-vous que la préparation a bien refroidi avant qu'il façonne les petites boules et les aplatisse sur la plaque.

85 g de beurre + un peu pour la plaque
50 g de cassonade
50 g de sirop d'érable
100 g de farine avec levure incorporée

225 g de flocons d'avoine
½ c. à c. de cannelle en poudre
½ c. à c. de noix de muscade en poudre
50 g de raisins secs blonds hachés

Préchauffez le four à 200 °C (th. 6/7). Beurrez une plaque de cuisson.
Faites fondre le beurre, la cassonade et le sirop d'érable dans une petite casserole, sur feu moyen. Dans un saladier, mélangez la farine, les flocons d'avoine, les épices et les raisins secs, puis incorporez-y le contenu de la casserole.

Déposez des cuillerées de pâte sur la plaque, en les espaçant de façon à obtenir 12 à 16 biscuits. Aplatissez-les délicatement. Enfournez pour 10 à 15 min, jusqu'à ce qu'ils soient dorés. Sortez-les du four et laissez-les refroidir complètement.

Ces biscuits se conservent 3 ou 4 jours dans une boîte hermétique et 1 mois au congélateur.

Voir variantes p. 273

Muffins aux fruits rouges

Pour 12 muffins ou 24 minimuffins

Même s'ils sont un peu plus équilibrés que les muffins nature, ces petits gâteaux restent assez gras et sucrés, ils sont donc à consommer avec modération.

150 g de fruits rouges, frais ou décongelés
    (myrtilles avant 12 mois, puis framboises,
    fraises, cassis...)
225 g de farine avec levure incorporée
1 c. à c. de levure

150 g de cassonade
1 œuf
15 cl de lait
60 g de beurre fondu

Préchauffez le four à 175 °C (th. 5/6). Beurrez des moules à muffins normaux ou miniatures – ou garnissez-les de caissettes en papier. Lavez les fruits frais et équeutez-les si besoin.

Dans un saladier, mélangez la farine, la levure et la cassonade. Incorporez délicatement les fruits rouges. Dans un autre récipient, battez les œufs, ajoutez le lait puis le beurre fondu. Versez la préparation dans les ingrédients secs, mélangez bien, mais sans vous préoccuper des grumeaux, qui disparaîtront à la cuisson. Remplissez les moules. Faites cuire les muffins 15 à 20 min (10 à 15 min si vous avez utilisé des minimoules). Sortez-les du four lorsqu'ils sont fermes au toucher, dorés, et qu'une pique insérée au centre en ressort propre. Démoulez-les froids.

Ces muffins se conservent 3 jours dans une boîte hermétique et 1 mois au congélateur.

Voir variantes p. 274

Bonshommes en pain d'épice

Pour 12 bonshommes

Ces biscuits épicés en forme de bonshommes sont faciles à réaliser avec des enfants.

185 g de farine
1 c. à c. de gingembre en poudre
½ c. à c. de bicarbonate de soude
50 g de beurre + un peu pour la plaque
100 g de sucre en poudre

1 jaune d'œuf
2 c. à s. de mélasse noire
2 c. à s. de sucre glace
Le jus de ½ citron
Raisins secs ou petits bonbons pour le décor

Préchauffez le four à 175 °C (th. 5/6). Mélangez la farine, le gingembre et le bicarbonate de soude. Incorporez le beurre avec les doigts. Ajoutez le sucre, le jaune d'œuf et la mélasse. Pétrissez à la main et formez une boule. Saupoudrez un peu de farine sur un plan de travail propre et pétrissez à nouveau la pâte, pour obtenir une texture homogène. Avec le rouleau à pâtisserie, abaissez-la sur 5 mm d'épaisseur.

À l'aide d'un emporte-pièce, découpez des formes de bonshommes. Transférez-les sur une plaque de cuisson beurrée et tapissée de papier sulfurisé. Enfournez pour 10 à 12 min, jusqu'à ce qu'ils soient dorés. Sortez la plaque du four et laissez les biscuits durcir 5 à 10 min avant de les transférer sur une grille pour qu'ils refroidissent. Quand ils sont froids, préparez un glaçage en mélangeant le sucre glace et le jus de citron. Versez-le dans une poche à douille avec laquelle vous dessinerez les visages et les vêtements des bonshommes. Disposez de petits bonbons ou des raisins secs pour figurer les boutons.

Ces biscuits se conservent 1 semaine dans une boîte hermétique et 1 mois au congélateur.

Voir variantes p. 275

Sablés à la confiture

Pour 12 biscuits

Les plus grands vous aideront à confectionner ces sablés. Vous pouvez également réaliser la pâte au mixeur, au risque toutefois de décevoir votre enfant, ravi de pétrir, mélanger et façonner les biscuits.

225 g de farine avec levure incorporée
100 g de beurre froid + un peu pour la plaque
75 g de sucre en poudre

1 œuf
2 c. à s. de lait
Confiture de framboise

Préchauffez le four à 200 °C (th. 6/7). Beurrez une plaque de cuisson. Dans un saladier, mélangez le beurre et la farine avec les doigts, en ajoutant un peu de farine si besoin. Incorporez le sucre, puis l'œuf battu. Mélangez à la cuillère ou à la main, en ajoutant le lait progressivement, jusqu'à obtention d'une pâte souple – si elle est trop sèche, ajoutez un peu de lait supplémentaire.

Déposez des cuillerées de pâte sur la plaque, pour obtenir une douzaine de biscuits environ. Espacez-les bien car ils vont doubler de volume à la cuisson. Aplatissez délicatement le dessus et creusez le centre en pressant avec le doigt. Mettez un peu de confiture dans le trou. Enfournez-les pour 15 à 20 min, jusqu'à ce qu'ils soient dorés. Sortez-les du four et laissez-les refroidir.

Ces sablés se conservent 3 à 4 jours dans une boîte hermétique, et 1 mois si vous les congelez le jour même.

Voir variantes p. 276

Brochettes d'ananas au yaourt

Pour 4 portions

Une cuisson douce permet d'exprimer le jus et les arômes de ces fruits en brochettes.
Retirez les piques à brochette avant de les proposer aux plus petits, qui pourraient
se blesser.

½ ananas
50 g de cassonade
1 pincée de cannelle en poudre

Le jus de 1 citron ou de 1 citron vert
1 c. à s. de yaourt à la grecque
1 c. à c. de miel

Faites tremper 4 piques à brochette en bambou dans l'eau pendant au moins 30 min.
Épluchez l'ananas, évidez-le et coupez-le en morceaux de 2,5 cm.

Mélangez la cassonade, la cannelle et le jus de citron dans une casserole. Faites chauffer à feu
doux, jusqu'à ce que le sucre ait fondu.
Enfilez les morceaux d'ananas sur les piques et, avec un pinceau, badigeonnez-les de sirop
à la cannelle sur toutes leurs faces. Faites cuire les brochettes sous le gril du four, 2 à 3 min
sur chaque face, jusqu'à ce que les fruits commencent à dorer.

Recoupez l'ananas en morceaux plus petits pour les bébés. Mélangez le yaourt et le miel
et servez-le en accompagnement pour y tremper les brochettes de fruits.

Ces brochettes se conservent 3 jours au réfrigérateur.

Voir variantes p. 277

Tourte aux pêches

Pour 4 à 5 portions pour enfant ou 2 portions pour adulte

Ce dessert à base de pêches surmontées d'une croûte de biscuit grumeleuse est délicieux servi avec du yaourt nature.

4 pêches bien mûres pelées, dénoyautées
    et coupées en morceaux
Le jus de 1 citron
1 c. à s. de sucre semoule
1 pincée de cannelle en poudre

Pour la garniture :
100 g de beurre froid
200 g de farine
½ c. à c. de levure chimique
50 g de sucre semoule
10 cl de lait ribot
Cassonade pour saupoudrer

Préchauffez le four à 175 °C (th. 5/6). Mettez les pêches dans une casserole avec le jus de citron, le sucre, la cannelle et 1 c. à s. d'eau. Faites cuire 5 min sur feu doux, jusqu'à ce que les fruits soient tendres. Versez ensuite dans un plat à gratin de 1,5 litre de contenance environ.

Préparez la garniture : dans un saladier, mélangez le beurre et la farine avec les doigts. Ajoutez la levure, le sucre et le lait ribot. Lorsque la préparation est grumeleuse, répartissez-la sur le dessus des pêches. Saupoudrez de cassonade et enfournez pour 20 à 25 min, jusqu'à ce que le dessus soit doré. Servez chaud.

Ce plat se conserve 3 jours au réfrigérateur et 1 mois au congélateur.

Voir variantes p. 278

Glace au chocolat

Pour 90 cl

Nul besoin d'une sorbetière pour confectionner une bonne glace maison : il suffit d'un congélateur et d'une journée à la maison pour la fouetter la préparation de temps à autre.

4 jaunes d'œuf
100 g de sucre
20 cl de lait

150 g de chocolat noir
25 cl de crème fraîche épaisse

Battez les jaunes d'œuf et le sucre, jusqu'à ce que le mélange blanchisse. Portez le lait à ébullition. Versez le mélange œufs-sucre dans le lait chaud, sans cesser de fouetter Remettez la casserole sur feu doux et mélangez sans interruption : la préparation doit napper le dos d'une cuillère. Laissez refroidir.

Dans une autre casserole, faites fondre le chocolat sur feu doux. Une fois liquide, ajoutez-le à la préparation aux œufs. Pour finir, incorporez la crème fraîche. Laissez refroidir au réfrigérateur, 2 h environ.

Avec une sorbetière : suivez les instructions du fabricant, puis transférez la glace dans une boîte et laissez-la raffermir 30 min au congélateur avant de servir.

Sans sorbetière : versez la préparation dans un récipient adapté et glissez-le au congélateur. Une heure plus tard, placez la glace dans un saladier et fouettez-la afin de briser les cristaux – étape nécessaire pour obtenir une texture lisse. Remettez la préparation dans le récipient puis au congélateur. Répétez l'opération 3 fois, à 1 h d'intervalle ; la glace est alors prête à déguster. Consommez-la sous 1 mois.

Voir variantes p. 279

Compote de fruits séchés

Pour 4 portions pour enfant ou 2 portions pour adulte

La compote se compose généralement de fruits frais ou séchés cuits lentement dans un sirop de sucre. Ici, j'ai remplacé le sirop par du jus de pomme (pour les bébés de moins de 12 mois) ou du jus d'orange. Elle se déguste tiède ou froide, au petit déjeuner, avec du muesli et du yaourt, ou en dessert avec un yaourt, de la crème fouettée ou de la glace. C'est un bon moyen d'habituer les enfants à manger des fruits.

400 g de fruits séchés (raisins secs, pommes, pruneaux, figues, abricots...)
1 bâton de cannelle

3 clous de girofle
45 cl de jus d'orange ou de pomme

Mettez tous les ingrédients dans une petite casserole, placez-la sur feu moyen, couvrez et faites cuire 15 à 20 min, en mélangeant de temps à autre, jusqu'à ce que les fruits soient réhydratés. Ajoutez un peu de jus de fruits supplémentaire si la compote vous semble trop sèche.

Retirez le bâton de cannelle et les clous de girofle. Mixez bien la compote pour les plus jeunes bébés. Servez tiède ou froid.

La compote se conserve 3 jours au réfrigérateur et 1 mois au congélateur.

Mousse à la rhubarbe

Pour 4 portions pour enfant

La rhubarbe est le seul légume que l'on consomme comme un fruit. Les petits l'apprécieront mélangée à du yaourt. Quant aux plus grands, proposez-leur un morceau de jeune rhubarbe crue trempé dans de la cassonade, pour qu'ils découvrent son goût piquant et acidulé.

200 g de rhubarbe coupée en morceaux de 2,5 cm	10 cl de crème fraîche
1 c. à s. de cassonade	10 cl de yaourt nature
	1 c. à s. de sucre glace

Mettez la rhubarbe dans une casserole avec la cassonade et 1 c. à s. d'eau et laissez cuire 5 à 10 min à petits bouillons, jusqu'à ce qu'elle soit tendre et se délite. Mixez-la au robot.

Fouettez la crème fraîche et le yaourt jusqu'à ce que des pics se forment, puis ajoutez délicatement le sucre glace. Incorporez-y doucement la purée de rhubarbe, transférez dans 4 coupes et laissez refroidir au réfrigérateur avant de servir.

Cette mousse se conserve 3 jours au réfrigérateur et 1 mois au congélateur.

Voir variantes p. 281

Muffins du matin

Recette de base p. 161

Muffins du matin aux dattes et aux pommes
Suivez la recette de base, en remplaçant les carottes par 8 dattes très finement hachées et en n'utilisant que 75 g de cassonade.

Muffins du matin aux carottes et aux raisins secs
Suivez la recette de base, en remplaçant les pommes par 50 g de raisins secs.

Muffins du matin à la patate douce, à l'orange et aux raisins secs
Pelez 2 patates douces, coupez-les en morceaux et faites-les cuire 20 min à la vapeur, puis écrasez-les à la fourchette. Suivez la recette de base, en ajoutant le zeste râpé de 1 orange et 50 g de raisins secs. Préparez un glaçage en mélangeant le jus de l'orange avec 100 g de sucre glace et versez-en sur chacun des muffins refroidis.

Muffins du matin à l'orange et au miel
Suivez la recette de base, en remplaçant les carottes et la pomme par le zeste et le jus de 2 oranges, et la cassonade par 3 c. à s. de miel.

Variantes

Muesli

Recette de base p. 163

Muesli à la banane
Suivez la recette de base, en incorporant 1 banane écrasée juste avant de servir (ou de mixer pour les bébés).

Muesli à la mangue
Suivez la recette de base, en incorporant 1 mangue bien mûre écrasée juste avant de servir (ou de mixer pour les bébés).

Muesli aux fruits séchés
Suivez la recette de base. Faites cuire 2 abricots secs et 1 c. à s. de raisins secs dans un peu d'eau pendant 4 à 5 min pour les réhydrater. Mixez-les et ajoutez-les au muesli.

Muesli à la poire
Suivez la recette de base, en remplaçant la pomme par 1 poire bien mûre, lavée, pelée, épépinée et râpée.

Muesli aux fruits rouges
Suivez la recette de base, en incorporant 1 c. à s. de fruits rouges écrasés juste avant de servir (ou de mixer pour les bébés).

Variantes

Carrés aux céréales

Recette de base p. 164

Carrés aux céréales et à la pomme
Suivez la recette de base, en ajoutant 1 pomme pelée et finement râpée
et ½ c. à c. de cannelle en poudre dans la préparation.

Carrés aux céréales et aux cranberries
Suivez la recette de base, en remplaçant les raisins secs par des cranberries
(canneberges) séchées.

Carrés aux céréales et aux abricots secs
Suivez la recette de base, en remplaçant la moitié des raisins secs par 25 g
d'abricots secs bio finement hachés.

Carrés aux céréales et aux noisettes
Suivez la recette de base, en remplaçant les noix de pécan par des noisettes
finement hachées.

Variantes

Roulés au fromage frais

Recette de base p. 166

Roulés au fromage frais et à la confiture
Suivez la recette de base, en étalant une fine couche de confiture sur le fromage frais avant d'enrouler la tranche de pain.

Roulés au fromage frais et à la tomate
Suivez la recette de base, en étalant ½ c. à c. de concentré de tomate sur le fromage frais avant d'enrouler la tranche de pain.

Roulés au guacamole
Suivez la recette de base, en remplaçant le fromage frais par une fine couche de guacamole (voir p. 171).

Roulés à l'œuf
Supprimez le fromage frais. Faites durcir un œuf, puis écrasez-en la moitié avec 1 c. à c. de mayonnaise. Étalez-le en fine couche sur le pain avant de l'enrouler.

Roulés au houmous
Suivez la recette de base, en remplaçant le fromage frais par une fine couche de houmous (voir p. 173).

Variantes

Dip aux haricots blancs et chips de maïs

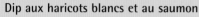

Recette de base p. 168

Dip aux haricots blancs et au saumon
Suivez la recette de base, en ajoutant 1 filet de saumon cuit dans le robot.

Dip aux haricots blancs et au poulet
Suivez la recette de base, en ajoutant 1 blanc de poulet cuit et haché
et 1 c. à s. supplémentaire de yaourt nature dans le robot.

Dip aux haricots blancs, au citron et à la tahina
Suivez la recette de base, en ajoutant le zeste et le jus de 1 citron et 1 c. à c.
de tahina dans le robot. (Cette variante n'est pas adaptée aux personnes
allergiques au sésame ni aux bébés de moins de 12 mois.)

Dip aux haricots blancs, au citron et à la coriandre
Suivez la recette de base, en ajoutant le zeste et le jus de 1 citron et en
remplaçant le persil par de la coriandre.

Dip aux haricots blancs et aux tomates séchées
Suivez la recette de base, en ajoutant 4 tomates séchées dans le robot.

Variantes

Dip au sésame

Recette de base p. 170

Dip au sésame et au citron
Suivez la recette de base, en remplaçant la moitié de l'eau par le jus
de 1 citron.

Tahina et houmous
Suivez la recette de base, en ajoutant 1 c. à s. de houmous (voir p. 173)
pour obtenir une sauce fine savoureuse.

Dip au sésame et au paprika
Suivez la recette de base, en ajoutant ½ c. à c. de paprika doux.

Dip au sésame, au cumin et à la coriandre
Suivez la recette de base, en ajoutant ¼ de c. à c. de cumin et ¼ de c. à c.
de coriandre en poudre.

Guacamole spécial bébé

Recette de base p. 171

Guacamole au citron vert
Suivez la recette de base, en remplaçant le citron par le jus de 1 citron vert.

Guacamole pimenté au citron vert
Suivez la recette de base, en remplaçant le citron par le jus de 1 citron vert
et en ajoutant une pincée de piment en poudre.

Guacamole à la tomate
Suivez la recette de base, en ajoutant 1 tomate pelée et finement hachée.

Guacamole au poivron rouge grillé
Suivez la recette de base, en ajoutant 1 poivron rouge grillé et écrasé. Lavez-le,
coupez-le en deux et épépinez-le. Divisez chaque moitié en 3 lamelles.
Enfournez-les pour 30 à 35 min (220 °C, th. 7/8), jusqu'à ce que les bords
noircissent légèrement. Transférez-les dans un sachet de congélation, fermez-le
et laissez reposer 5 min. Ôtez la peau des morceaux de poivron et écrasez-les.

Variantes

Houmous

Recette de base p. 173

Houmous à la betterave

Suivez la recette de base, en ajoutant 1 betterave rouge lavée, pelée
et râpée dans le robot.

Houmous à l'oignon rôti

Suivez la recette de base, en ajoutant 1 oignon rôti dans le robot. Pour
le préparer, pelez-le et coupez-le en six, arrosez-le d'un filet d'huile d'olive
et disposez-le sur une plaque de cuisson. Enfournez-le pour 20 à 25 min
(200 °C, th. 6/7), jusqu'à ce qu'il soit tendre et légèrement coloré sur
les bords.

Houmous au citron et à la coriandre

Suivez la recette de base, en ajoutant le jus de 1 citron et 1 c. à s. de
coriandre fraîche hachée dans le robot.

Houmous au poivron rouge grillé

Suivez la recette de base, en ajoutant 1 poivron rouge grillé et écrasé
(faites-le cuire comme indiqué p. 247, dans la variante du guacamole).

Houmous aux tomates séchées

Suivez la recette de base, en ajoutant 3 à 4 tomates séchées dans le robot.

Variantes

Terrine de maquereau

Recette de base p. 174

Terrine de maquereau à la tomate
Suivez la recette de base, en ajoutant 1 c. à c. de concentré de tomate.

Terrine de sardine
Suivez la recette de base, en remplaçant le maquereau par une petite boîte de sardines à la tomate (veillez à bien en retirer les arêtes).

Terrine de thon
Suivez la recette de base, en remplaçant le maquereau par une petite boîte de thon au naturel égoutté.

Terrine de saumon
Suivez la recette de base, en remplaçant le maquereau par 1 filet de saumon cuit ou une petite boîte de saumon égoutté.

Variantes

Galettes d'avoine

Recette de base p. 177

Galettes d'avoine au parmesan
Suivez la recette de base, en ajoutant 1 c. à s. de parmesan finement râpé.

Galettes d'avoine au romarin
Suivez la recette de base, en ajoutant 1 c. à c. de romarin séché et haché.

Galettes d'avoine aux graines de sésame
Suivez la recette de base, en ajoutant 1 c. à s. de graines de sésame.
(Cette variante n'est pas adaptée aux personnes allergiques au sésame
ni aux bébés de moins de 12 mois.)

Galettes d'avoine aux graines de citrouille
Suivez la recette de base, en ajoutant 1 c. à s. de graines de citrouille.

Galettes d'avoine aux graines de tournesol
Suivez la recette de base, en ajoutant 1 c. à s. de graines de tournesol.

Variantes

Soupe de tomate et poivron rouge

Recette de base p. 179

Soupe de tomate, poivron rouge et courgette
Suivez la recette de base, en ajoutant ½ courgette coupée en rondelles
sur la plaque de cuisson avec les légumes.

Soupe de tomate, poivron rouge et basilic
Suivez la recette de base, en ajoutant 1 c. à s. de basilic frais haché dans
le bouillon.

Soupe de tomate, poivron rouge et riz
Suivez la recette de base. Servez cette soupe avec du riz pour en faire un plat
complet. Mon fils l'adorait quand il était petit et l'appelait « soupe au i » car il
n'arrivait pas à prononcer les *r*.

Soupe de tomate, poivron et macaronis
Suivez la recette de base, en incorporant à la fin quelques macaronis.

Soupe de tomate et poivron rouge et boulettes de viande
Suivez la recette de base. Formez de petites boulettes avec de la chair
à saucisse de bonne qualité. Disposez-les sur une plaque de cuisson et faites-
les cuire 15 à 20 min. Servez-les à côté de la soupe.

Variantes

Minestrone

Recette de base p. 180

Minestrone au riz
Suivez la recette de base, en remplaçant les pâtes par 100 g de riz.

Minestrone et croûtons au fromage
Suivez la recette de base. Faites griller le pain au four, retournez-le, posez quelques fines tranches d'emmental sur la face non grillée et enfournez à nouveau, jusqu'à ce que des bulles se forment sur le fromage fondu. Coupez le pain en bâtonnets ou en dés et posez-les sur chaque assiette de soupe.

Minestrone aux boulettes de viande
Suivez la recette de base. Pendant que la soupe cuit, façonnez des boulettes de la taille d'une noix avec 150 g de viande maigre de bœuf, d'agneau ou de porc hachée. Faites-les cuire 5 à 6 min dans une poêle antiadhésive. Ajoutez les boulettes dans la soupe juste avant de servir.

Minestrone au chou
Suivez la recette de base, en remplaçant la courgette par ¼ de chou haché.

Minestrone aux petits pois et au poireau
Suivez la recette de base, en remplaçant la courgette par 1 c. à s. de petits pois frais ou surgelés et ½ blanc de poireau haché.

Variantes

Soupe épaisse de poisson

Recette de base p. 183

Soupe de poisson au maïs
Suivez la recette de base, en ajoutant 100 g de maïs en grains (frais, surgelé ou en conserve) en même temps que le poisson.

Soupe de saumon
Suivez la recette de base, en remplaçant le filet de poisson blanc par 1 filet de saumon.

Soupe de poisson au poireau
Suivez la recette de base, en remplaçant l'oignon par ½ poireau.

Soupe de poulet au maïs
Suivez la recette de base, en remplaçant le filet de poisson par 1 blanc de poulet haché. Mettez le poulet dans la soupe en même temps que les pommes de terre. Ajoutez 100 g de maïs en grains (frais, surgelé ou en conserve) 5 min avant la fin de la cuisson.

Soupe de poulet à la patate douce
Suivez la recette de base, en remplaçant le filet de poisson par 1 blanc de poulet haché (ajouté dans la soupe en même temps que les pommes de terre) et l'une des pommes de terre par 1 petite patate douce.

Variantes

Pesto de petits pois

Recette de base p. 184

Sauce aux champignons
Au lieu de suivre la recette de base, faites revenir 225 g de champignons hachés et ½ oignon émincé dans 1 c. à s. d'huile d'olive sur feu moyen pendant 5 à 10 min jusqu'à ce qu'ils soient tendres. Mixez et mélangez avec 75 g de crème fraîche.

Pesto de basilic
Au lieu de suivre la recette de base, mixez 75 g de feuilles de basilic fraîches, 1 c. à s. de pignons de pin et 50 g de parmesan finement râpé. Incorporez la crème fraîche.

Pesto de poivron rouge
Au lieu de suivre la recette de base, faites griller un poivron rouge (voir p. 179). Mixez la chair avec 1 c. à s. de pignons de pin et 50 g de parmesan finement râpé. Incorporez la crème fraîche.

Pesto de tomates séchées
Au lieu de suivre la recette de base, mixez 6 tomates séchées avec 1 c. à s. de pignons de pin et 50 g de parmesan finement râpé. Incorporez la crème fraîche.

Gratin d'aubergines

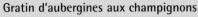

Recette de base p. 186

Gratin d'aubergines aux champignons
Suivez la recette de base, en ajoutant 4 c. à s. de champignons émincés disposés en couche par-dessus les aubergines.

Gratin d'aubergines au poulet
Suivez la recette de base, en ajoutant 1 blanc de poulet cuit et émincé disposé en couche par-dessus les aubergines.

Gratin d'aubergines au poulet et à la mozzarella
Suivez la recette de base, en ajoutant 1 blanc de poulet cuit et émincé disposé en couche par-dessus les aubergines, et en remplaçant le parmesan par 4 c. à s. supplémentaires de mozzarella.

Gratin d'aubergines aux lentilles
Suivez la recette de base, en ajoutant 175 g de lentilles vertes (lentilles du Puy, par exemple) cuites étalées en couche par-dessus l'aubergine.

Variantes

Curry de légumes à la crème

Recette de base p. 188

Curry de légumes aux haricots secs
Suivez la recette de base, en remplaçant la pomme de terre par 100 g
de haricots secs cuits (haricots rouges et haricots blancs, par exemple).

Curry de légumes à la patate douce
Suivez la recette de base, en ajoutant une petite patate douce.

Curry de légumes au poulet
Suivez la recette de base, en remplaçant la pomme de terre par 1 blanc
de poulet haché.

Curry de légumes au chou-fleur
Suivez la recette de base, en remplaçant la pomme de terre par 100 g
de fleurettes de chou-fleur. Réduisez la cuisson des légumes de 10 min.

Curry de légumes à la courgette
Suivez la recette de base, en remplaçant la carotte par 1 courgette hachée.

Curry de légumes aux pousses d'épinard
Suivez la recette de base, en ajoutant 100 g de pousses d'épinards hachées
en même temps que la crème et la coriandre.

Variantes

Macaronis au fromage

Recette de base p. 191

Macaronis au fromage et aux poivrons grillés
Suivez la recette de base, en ajoutant 1 poivron rouge grillé (voir p. 179)
finement haché ou mixé dans le plat à gratin.

Macaronis au fromage et aux tomates séchées
Suivez la recette de base, en ajoutant 4 tomates séchées, égouttées et finement
hachées dans le plat à gratin.

Macaronis au fromage et au poulet
Suivez la recette de base, en ajoutant 1 blanc de poulet cuit et haché dans
le plat à gratin.

Macaronis au fromage et aux tomates cerises
Suivez la recette de base, en ajoutant 100 g de tomates cerises finement
hachées dans le plat à gratin.

Macaronis au fromage et à l'aubergine grillée
Suivez la recette de base, en ajoutant 1 petite aubergine grillée dans le plat
à gratin. Pour la griller, lavez-la et hachez-la, puis disposez-la sur une plaque
de cuisson, versez 1 filet d'huile d'olive et faites cuire à four chaud (220 °C,
th. 7/8) 15 à 20 min, jusqu'à ce qu'elle soit tendre.

Variantes

Haricots à la tomate

Recette de base p. 192

Haricots blancs et patate douce à la tomate
Suivez la recette de base, en ajoutant 1 grosse patate douce pelée et hachée
1 h avant la fin de la cuisson.

Haricots blancs et boulettes de viande
Suivez la recette de base, en ajoutant des boulettes de viande hachée de
bœuf, d'agneau ou de porc (voir p. 208) juste avant de servir.

Haricots blancs pimentés à la tomate
Suivez la recette de base, en ajoutant ½ c. à c. de piment en poudre.

Haricots blancs à la patate douce et au fromage
Suivez la recette de base, en plaçant 2 petites patates douces dans le four
à côté du plat 90 min avant la fin de la cuisson. Coupez-les en deux,
versez les haricots par-dessus et saupoudrez de gruyère râpé.

Variantes

Gratin de chou-fleur

Recette de base p. 194

Pommes de terre farcies au chou-fleur
Suivez la recette de base, tout en faisant cuire 1 pomme de terre au four.
Lorsqu'elle est cuite, coupez-la en deux, prélevez la chair à la cuillère et écrasez-
la avec un peu de beurre. Remettez la purée dans la peau et disposez le chou-
fleur par-dessus. Pour les plus petits, écrasez simplement la pomme de terre
avec un peu de chou-fleur.

Gratin de chou-fleur et purée de patate douce
Suivez la recette de base, en ajoutant 1 patate douce pelée et hachée dans
le panier vapeur avec le chou-fleur. Après avoir retiré le chou-fleur, prolongez
la cuisson de la patate douce de 10 min. Écrasez-la ou mixez-la et servez-la
à côté du gratin de chou-fleur ou bien écrasez-la avec le chou-fleur pour
les jeunes enfants.

Gratin de chou-fleur et poireau
Suivez la recette de base, en ajoutant 1 blanc de poireau lavé et haché dans
le panier vapeur avec le chou-fleur.

Gratin de chou-fleur, poireau et carottes
Suivez la recette de base, en ajoutant 2 carottes et 1 blanc de poireau hachés
dans le panier vapeur avec le chou-fleur.

Variantes

Gratin de poisson

Recette de base p. 197

Gratin de saumon
Suivez la recette de base, en remplaçant le poisson blanc par du saumon.

Gratin de poisson aux petits pois et au brocoli
Suivez la recette de base, en ajoutant 50 g de petits pois surgelés et
6 à 8 fleurettes de brocoli dans le plat avant de verser la sauce au fromage.

Gratin de poisson au chou-fleur
Suivez la recette de base, en ajoutant 6 à 8 fleurettes de brocoli avec
le poisson dans le plat avant de verser la sauce au fromage.

Gratin de poisson à la patate douce
Suivez la recette de base, en remplaçant les pommes de terre par des
patates douces.

Gratin de poisson avec garniture de rösti
Suivez la recette de base, en supprimant la carotte. Au lieu de couper les
pommes de terre en morceaux et de les cuire à l'eau, lavez-les, pelez-les et
coupez-les en deux. Faites-les cuire à l'eau 5 min, puis égouttez-les et râpez-
les grossièrement au-dessus du poisson en sauce. Parsemez le plat de
noisettes de beurre et saupoudrez de fromage râpé avant d'enfourner.

Variantes

Bâtonnets de poisson

Recette de base p. 198

Bâtonnets de poisson au parmesan
Suivez la recette de base, en ajoutant 100 g de parmesan finement râpé
à la chapelure.

Bâtonnets de poisson allégés
Suivez la recette de base, en supprimant la chapelure. Mélangez la farine et
l'œuf et trempez délicatement chacun des bâtonnets dans cette préparation
pour bien les enrober avant de les cuire comme indiqué.

Bâtonnets de poisson aux chips pilées
Suivez la recette de base, en remplaçant la chapelure par des chips de pomme
de terre non salées pilées.

Variantes

Poulet à la marocaine

Recette de base p. 201

Agneau à la marocaine
Suivez la recette de base, en remplaçant les blancs de poulet par 275 g
de gigot d'agneau haché.

Légumes à la marocaine
Suivez la recette de base, en remplaçant les blancs de poulet par 225 g de
pois chiches en conserve, égouttés et rincés, en ajoutant 1 courgette lavée
et hachée, 1 carotte supplémentaire, lavée, pelée et hachée, et enfin en
remplaçant le bouillon de volaille par du bouillon de légumes.

Poulet à la marocaine aux raisins secs
Suivez la recette de base, en remplaçant les abricots secs par 2 c. à s. de
raisins secs hachés.

Haricots secs à la marocaine
Suivez la recette de base, en remplaçant le poulet par 225 g de haricots
blancs et 225 g de haricots rouges en conserve, égouttés et rincés, et le
bouillon de volaille par du bouillon de légumes.

Variantes

Poulet à l'aigre-douce au riz

Recette de base p. 202

Poulet à l'aigre-douce aux pâtes
Suivez la recette de base, en remplaçant le riz par des tagliatelles aux œufs : comptez 1 nid par personne ou ½ pour un bébé.

Porc à l'aigre-douce au riz
Suivez la recette de base, en remplaçant le poulet par 300 g de filet de porc coupé en petits morceaux.

Boulettes à l'aigre-douce au riz
Suivez la recette de base, en remplaçant le poulet par des boulettes de viande cuites (voir p. 208).

Poisson blanc à l'aigre-douce au riz
Suivez la recette de base, en remplaçant le poulet par 300 g de filet de poisson blanc (cabillaud ou flétan, par exemple) sans peau ni arêtes. Faites cuire 8 à 10 min.

Poulet pimenté à l'aigre-douce et au riz
Suivez la recette de base, en ajoutant 1 à 2 c. à c. de sauce pimentée douce à la sauce soja.

Variantes

Tourte à l'agneau

Recette de base p. 204

Tourte au bœuf
Suivez la recette de base, en remplaçant l'agneau haché par du bœuf haché.

Tourte végétarienne
Suivez la recette de base, en remplaçant l'agneau par 1 carotte supplémentaire, pelée et hachée, 1 courgette finement hachée et 350 à 450 g de tofu bio. Remplacez le bouillon par 450 g de tomates pelées en conserve.

Tourte aux haricots secs et aux lentilles
Suivez la recette de base, en remplaçant l'agneau haché par 225 g de haricots blancs et 100 g de lentilles corail. Remplacez le bouillon par 450 g de tomates pelées en conserve.

Tourte poireau-pommes de terre
Suivez la recette de base, en remplaçant l'une des pommes de terre par 1 blanc de poireau, lavé et finement haché cuit à la vapeur. Étalez-le sur la viande avant d'ajouter les pommes de terre.

Tourte aux patates douces
Suivez la recette de base, en remplaçant les pommes de terre par des patates douces.

Lasagnes

Recette de base p. 207

Spaghettis bolognaise
Ne préparez que la sauce à la viande et servez-la sur des spaghettis.

Lasagnes à la dinde, sauce au fromage
Suivez la recette de base, en remplaçant le bœuf par de la dinde et les tomates, le concentré de tomate et le bouillon par une portion supplémentaire de sauce au fromage (incorporez-y 20 cl de lait pour la rendre plus liquide). Montez le plat en couches comme indiqué et versez la sauce la plus épaisse sur le dessus.

Lasagnes aux légumes
Suivez la recette de base, en remplaçant le bœuf haché par 1 aubergine et 1 courgette hachées et en ajoutant 1 poivron rouge supplémentaire. Préchauffez le four à 200 °C (th. 6/7) : disposez l'aubergine, la courgette et le poivron sur une plaque de cuisson, arrosez d'un filet d'huile d'olive et enfournez pour 20 min. Transférez ces légumes dans la casserole, remplacez le bouillon de bœuf par du bouillon de légumes et ajoutez 1 c. à c. d'origan et 1 c. à c. de basilic frais hachés.

Lasagnes aux lentilles et aux champignons
Suivez la recette de base, en remplaçant le bœuf par 125 g de lentilles corail, et le bouillon de bœuf par du bouillon de légumes. Doublez la quantité de champignons.

Variantes

Boulettes de bœuf

Recette de base p. 208

Boulettes de bœuf et de porc
Suivez la recette de base, en remplaçant la moitié de la viande de bœuf
par du porc maigre haché.

Boulettes de dinde
Suivez la recette de base, en remplaçant le bœuf haché par de la dinde
hachée.

Boulettes d'agneau
Suivez la recette de base, en remplaçant le bœuf haché par de l'agneau
maigre haché.

Boulettes de bœuf aux épices
Suivez la recette de base, en incorporant ½ c. à c. de cumin en poudre,
½ c. à c. de coriandre en poudre et 1 pincée de cannelle en même temps
que le poivre.

Boulettes de bœuf à la carotte
Suivez la recette de base, en ajoutant 1 petite carotte lavée, pelée
et très finement râpée.

Variantes

Pizzas

Recette de base p. 211

Calzone

Suivez la recette de base, en étalant 1 cuillerée de sauce tomate sur chaque
demi-disque de pâte ; parsemez de basilic haché et repliez l'autre moitié. Soudez
bien les bords, couvrez de mozzarella et enfournez pour 15 à 20 min (le dessus
doit être légèrement doré).

Calzone aux épinards

Préparez la variante ci-dessus, mais remplacez le basilic par 50 g de pousses
d'épinards hachées. Répartissez 50 g de mozzarella râpée sur les épinards avant
de replier les pizzas. Soudez bien les bords, badigeonnez le dessus d'œuf battu
enfournez pour 15 à 20 min (le dessus doit être légèrement doré).

Roulés aux tomates séchées

Préparez la pâte à pizza, puis divisez-la en 6 à 8 morceaux façonnés en longs
boudins. Aplatissez-les, badigeonnez-les de purée de tomates et enroulez-les.
Disposez les roulés à plat dans un moule à manqué huilé, en les espaçant un
peu. Couvrez de film alimentaire et laissez lever 30 min dans un endroit chaud,
jusqu'à ce que la pâte ait doublé de volume. Enfournez pour 15 à 20 min (le
dessus doit être légèrement doré).

Variantes

Miniquiches au fromage

Recette de base p. 212

Miniquiches au saumon
Suivez la recette de base, en ajoutant 75 g de saumon cuit haché sur les
fonds de tartelettes avant de verser la préparation œuf-lait.

Miniquiches au brocoli
Suivez la recette de base, en ajoutant 75 g de fleurettes de brocoli cuites
sur les fonds de tartelettes avant de verser la préparation œuf-lait.

Miniquiches aux épinards et au fromage
Suivez la recette de base, en ajoutant 75 g de feuilles d'épinards ciselées sur
les fonds de tartelettes avant de verser la préparation œuf-lait (dans laquelle
vous aurez remplacé le gruyère par 50 g de feta émiettée pasteurisée).

Miniquiches lorraines
Suivez la recette de base, en ajoutant 75 g de jambon cuit haché sur
les fonds de tartelettes avant de verser la préparation œuf-lait.

Miniquiches aux champignons et à la tomate
Suivez la recette de base, en ajoutant 50 g de champignons hachés et
2 tomates pelées et mixées sur les fonds de tartelettes avant de verser
la préparation œuf-lait.

Focaccia

Recette de base p. 215

Focaccia aux tomates séchées
Suivez la recette de base, en ajoutant 3 tomates séchées hachées.

Focaccia aux olives
Suivez la recette de base, en ajoutant 6 à 8 olives vertes dénoyautées finement hachées.

Focaccia à l'ail
Suivez la recette de base, en remplaçant l'huile d'olive par de l'huile parfumée à l'ail. Confectionnez cette dernière vous-même : hachez très finement 1 gousse d'ail, puis pilez-la dans un mortier, avec 1 c. à s. d'huile d'olive. Filtrez l'huile, puis versez-la sur la focaccia juste avant de l'enfourner.

Focaccia à la mozzarella
Suivez la recette de base. Avant d'enfourner la focaccia, égouttez 1 boule de mozzarella puis coupez-la en petits morceaux. Insérez-les dans les trous, sur le dessus de la pâte.

Focaccia aux tomates cerises
Suivez la recette de base. Avant d'enfourner la focaccia, coupez 10 tomates cerises en quatre et insérez-les dans les trous, sur le dessus de la pâte.

Variantes

Biscuits au fromage

Recette de base p. 216

Minipizzas au fromage

Suivez la recette de base, mais divisez la pâte en 4 parts égales. Avec un rouleau à pâtisserie, formez 4 disques, tartinez-les de sauce tomate et disposez la garniture de votre choix. Parsemez de mozzarella et enfournez pour 15 à 20 min, jusqu'à ce que le fromage soit fondu et que la pâte soit dorée et croustillante.

Biscuits nature

Suivez la recette de base, en supprimant le fromage.

Fingers au fromage

Suivez la recette de base. Divisez la pâte en 10 morceaux et formez des boules que vous aplatirez pour façonner de longs boudins. Saupoudrez-les de parmesan et enfournez pour 5 à 10 min.

Biscuits au fromage et aux tomates séchées

Suivez la recette de base, en ajoutant 5 ou 6 tomates séchées hachées en même temps que le fromage.

Variantes

Muffins au fromage

Recette de base p. 217

Muffins au fromage et aux tomates séchées
Suivez la recette de base, en ajoutant 5 ou 6 tomates séchées hachées
à la préparation au moment de verser les œufs, le lait et le beurre fondu.

Muffins aux olives
Suivez la recette de base, en remplaçant le fromage par 2 c. à s. d'olives noires
ou vertes finement hachées.

Muffins au pesto et aux pignons de pin
Suivez la recette de base, en remplaçant le fromage par 2 c. à s. de pesto et
100 g de pignons de pin.

Muffins au pesto et au parmesan
Suivez la recette de base, en remplaçant le fromage par 2 c. à s. de pesto et
2 c. à s. de parmesan râpé. Répartissez quelques pignons de pin sur le dessus
avant d'enfourner.

Muffins à la tapenade
Suivez la recette de base, en remplaçant le fromage par 2 c. à s. de tapenade
de votre choix.

Variantes

Petits pains

Recette de base p. 218

Petits pains au fromage
Suivez la recette de base, en ajoutant 175 g de fromage râpé aux ingrédients secs. Saupoudrez un peu de fromage râpé sur chaque pain avant d'enfourner.

Petits pains au fromage et à la ciboulette
Suivez la recette de base, en ajoutant 175 g de fromage râpé et de la ciboulette fraîchement ciselée aux ingrédients secs. Saupoudrez un peu de fromage râpé sur chaque pain avant d'enfourner.

Petits pains aux tomates séchées
Suivez la recette de base, en ajoutant 50 g de tomates séchées hachées aux ingrédients secs.

Petits pains aux tomates séchées et aux olives
Suivez la recette de base, en ajoutant 50 g de tomates séchées hachées et 50 g d'olives hachées aux ingrédients secs.

Petits pains aux tomates séchées, au fromage et aux graines
Suivez la recette de base, en ajoutant 50 g de tomates séchées hachées, 175 g de parmesan râpé et 3 c. à s. de graines de tournesol aux ingrédients secs. Saupoudrez un peu de fromage râpé sur chaque pain avant d'enfourner.

Variantes

Palmiers au parmesan

Recette de base p. 221

Pailles au fromage
Suivez la recette de base, mais en saupoudrant tout le fromage sur la moitié de
la pâte. Repliez-la en deux, étalez-la à nouveau et coupez des lanières de 1 cm
de large.

Palmiers sucrés à la cannelle
Suivez la recette de base, en remplaçant le fromage par 1 c. à c. de sucre
mélangée à ½ c. à c. de cannelle en poudre.

Palmiers au pesto
Suivez la recette de base, en remplaçant le fromage par 1 c. à s. de pesto. Étalez
les deux tiers du pesto sur la pâte, et le dernier tiers sur le dessus des rouleaux
de pâte, comme dans la recette de base.

Palmiers au fromage et aux tomates séchées
Suivez la recette de base, en étalant 4 ou 5 tomates séchées hachées sur la pâte
avant de saupoudrer de fromage.

Variantes

Blinis

Recette de base p. 222

Blinis au fromage
Suivez la recette de base, en ajoutant 25 g de parmesan (ou tout autre fromage à pâte dure) finement râpé.

Blinis à l'orange
Suivez la recette de base, en ajoutant le zeste râpé et le jus de 1 orange et en réduisant légèrement la quantité de lait.

Blinis aux raisins secs
Suivez la recette de base, en ajoutant 1 c. à s. bombée de raisins secs hachés dans la farine.

Blinis à l'abricot
Suivez la recette de base, en ajoutant 4 à 5 abricots secs hachés dans la farine (pour les tout-petits, hachez-les très finement).

Blinis aux pépites de chocolat
Suivez la recette de base. Au moment de cuire la seconde face des blinis, disposez 4 ou 5 pépites de chocolat noir sur chacun d'entre eux (le chocolat va fondre pendant que les blinis finiront de cuire). Servez-les tièdes.

Variantes

Biscuits aux flocons d'avoine

Recette de base p. 225

Biscuits aux flocons d'avoine et aux graines de tournesol
Suivez la recette de base, en ajoutant 1 c. à s. de graines de tournesol dans les ingrédients secs.

Biscuits aux flocons d'avoine et aux graines de citrouille
Suivez la recette de base, en ajoutant 1 c. à s. de graines de citrouille dans les ingrédients secs.

Biscuits aux flocons d'avoine et au cassis
Suivez la recette de base, en remplaçant les raisins secs par du cassis.

Biscuits aux flocons d'avoine et à l'orange
Suivez la recette de base, en ajoutant le zeste finement râpé de 2 oranges aux ingrédients secs et en supprimant la noix de muscade.

Biscuits aux flocons d'avoine et aux noisettes
Suivez la recette de base, en remplaçant la moitié des raisins secs par la même quantité de noisettes hachées. (Cette variante n'est pas adaptée aux enfants et aux adultes allergiques aux noix.)

Variantes

Muffins aux fruits rouges

Recette de base p. 226

Muffins à la banane
Suivez la recette de base, en remplaçant les fruits rouges par 3 bananes bien
mûres écrasées et 1 c. à c. de cannelle moulue.

Muffins poire-gingembre
Suivez la recette de base, en remplaçant les fruits rouges par 3 poires bien
mûres, pelées, épépinées et hachées, et 1 c. à c. de gingembre en poudre.

Muffins pomme-raisins secs
Suivez la recette de base, en remplaçant les fruits rouges par 2 pommes
pelées, épépinées et râpées, et 50 g de raisins secs hachés.

Muffins pomme-abricot au blé complet
Suivez la recette de base, en remplaçant la farine avec levure incorporée
par 100 g de farine de blé complet et 1 c. à c. supplémentaire de levure.
Remplacez aussi les fruits rouges par 2 pommes pelées, épépinées et râpées,
et 75 g d'abricots secs hachés ou d'abricots frais pelés et hachés.

Muffins pêche-framboise
Suivez la recette de base, en remplaçant les fruits rouges par 2 pêches
pelées, dénoyautées et finement hachées et 2 c. à s. de framboises.

Variantes

Bonshommes en pain d'épice

Recette de base p. 229

Bonshommes à la cannelle
Suivez la recette de base, en remplaçant le gingembre en poudre par 1 ½ c. à c.
de cannelle en poudre.

Bonshommes aux multiples épices
Suivez la recette de base, en ajoutant 1 c. à c. de cannelle en poudre et ½ c. à c.
de clous de girofle en poudre.

Bonshommes en pain d'épice glacés
Suivez la recette de base. Une fois les bonshommes refroidis, préparez un
glaçage fin avec du sucre glace et du jus de citron fraîchement pressé. Disposez
les biscuits sur une grille tapissée de papier sulfurisé et versez le glaçage sur
toute la surface : l'excédent de glaçage coulera sur le papier sulfurisé, ce qui
vous épargnera du nettoyage !

Biscuits aux épices et aux raisins secs
Suivez la recette de base, en incorporant 100 g de raisins secs hachés dans
la préparation. Choisissez une autre forme d'emporte-pièce.

Variantes

Sablés à la confiture

Recette de base p. 230

Sablés nature
Suivez la recette de base, en supprimant la confiture.

Sablés au cassis
Suivez la recette de base, en ajoutant 75 g de cassis en même temps que la farine et en supprimant la confiture.

Sablés à l'orange
Suivez la recette de base, en ajoutant le zeste finement râpé de 1 orange dans la pâte et en remplaçant la confiture par de l'orange curd.

Sablés pomme-raisins secs
Suivez la recette de base, en ajoutant 1 pomme pelée, épépinée et râpée et 75 g de raisins secs hachés en même temps que la farine. Supprimez la confiture.

Brochettes d'ananas au yaourt

Recette de base p. 233

Brochettes d'ananas et banane au yaourt
Suivez la recette de base, en remplaçant la moitié de l'ananas par 2 bananes coupées en rondelles.

Brochettes d'ananas et fraise au yaourt
Suivez la recette de base, en remplaçant la moitié de l'ananas par 100 g de fraises équeutées et coupées en morceaux.

Brochettes tutti frutti au yaourt
Suivez la recette de base, en remplaçant la moitié de l'ananas par 4 fraises, 1 banane et 1 mangue coupées en morceaux.

Brochettes d'ananas et yaourt à la framboise
Suivez la recette de base. Écrasez 50 g de framboises et pressez-les dans une passoire pour en ôter les pépins. Mélangez le jus avec le yaourt au miel.

Variantes

Tourte aux pêches

Recette de base p. 234

Tourte aux pommes et aux framboises
Suivez la recette de base, en remplaçant les pêches par 4 pommes lavées, pelées, épépinées et coupées en morceaux, ainsi que 100 g de framboises.

Tourte aux poires
Suivez la recette de base, en remplaçant les pêches par 4 poires bien mûres, lavées, pelées, épépinées et coupées en morceaux.

Tourte aux myrtilles
Suivez la recette de base, en remplaçant les pêches par 400 g de myrtilles fraîches ou décongelées.

Tourte à la rhubarbe
Suivez la recette de base, en supprimant le jus de citron et en remplaçant les pêches par 400 g de rhubarbe fraîche coupée en morceaux.

Glace au chocolat

Recette de base p. 237

Glace choco-menthe
Suivez la recette de base, en ajoutant 2 c. à c. d'extrait de menthe.

Glace au chocolat blanc
Suivez la recette de base, en remplaçant le chocolat noir par du chocolat blanc.

Glace aux pépites de chocolat
Suivez la recette de base. Au lieu de faire fondre le chocolat avant de
l'incorporer à la préparation, ajoutez 75 g de pépites de chocolat blanc
et 75 g de pépites de chocolat au lait lorsque vous commencerez à faire
prendre la préparation en glace.

Glace au chocolat et au caramel
Suivez la recette de base, en ajoutant 75 g de caramels mous coupés en
morceaux lorsque vous commencerez à faire prendre la préparation en glace.

Glace à la fraise
Suivez la recette de base, en remplaçant le chocolat par 150 g de fraises fraîches
hachées à incorporer lorsque vous commencerez à faire prendre la préparation
en glace.

Compote de fruits séchés

Recette de base p. 238

Compote de rhubarbe au gingembre

Suivez la recette de base, en remplaçant les fruits séchés par 450 g de
rhubarbe coupée en morceaux de 1 cm, et en ajoutant 150 g de cassonade.
Remplacez les clous de girofle par ½ c. à c. de gingembre en poudre.

Glace marbrée à la compote

Suivez la recette de base. Mixez la compote, laissez-la refroidir puis
mélangez-la avec de la glace à la vanille ramollie au moment de servir.

Compote pomme–abricot

Suivez la recette de base, en remplaçant les fruits séchés par 225 g d'abricots
secs et 3 pommes fraîches lavées, pelées, épépinées et coupées en morceaux.

Compte pomme–poire–prune

Suivez la recette de base, en remplaçant les fruits séchés par 1 pomme et
1 poire lavées, pelées, épépinées et coupées en morceaux ainsi que 3 prunes
pelées, dénoyautées et coupées en morceaux.

Compote de fruits rouges

Suivez la recette de base, en remplaçant les fruits séchés par 200 g de
framboises, 200 g de myrtilles et 200 g de fraises coupées en morceaux.

Variantes

Mousse à la rhubarbe

Recette de base p. 240

Mousse à la myrtille
Suivez la recette de base, en remplaçant la rhubarbe par 200 g de myrtilles
fraîches ou décongelées.

Mousse pomme-cannelle
Suivez la recette de base, en remplaçant la rhubarbe par 3 pommes lavées,
pelées, épépinées et coupées en morceaux et ½ c. à c. de cannelle en poudre.

Mousse banane-orange
Suivez la recette de base, en remplaçant la rhubarbe par 2 bananes écrasées
ainsi que le zeste et le jus de 1 orange. Supprimez l'étape de la cuisson.

Mousse aux fruits rouges
Suivez la recette de base, en remplaçant la rhubarbe par 200 g de fruits rouges
de votre choix, frais ou décongelés.

Index